Découvrez l'histoire par les archives de presse

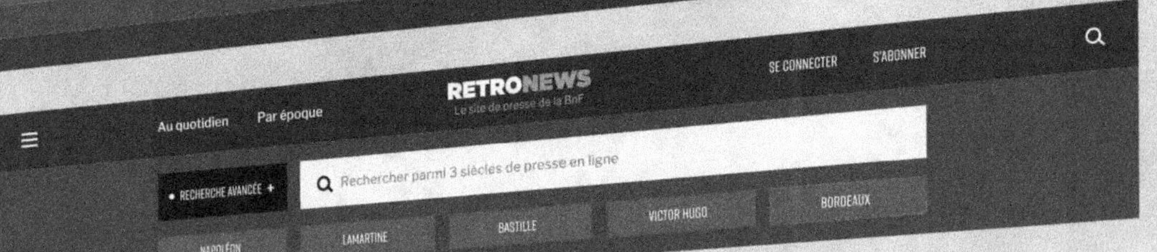

RETRONEWS

Le site de presse de la BnF

www.retronews.fr

BULLETIN

DE LA

SOCIÉTÉ IMPÉRIALE

DES ANTIQUAIRES

DE FRANCE

NOGENT-LE-ROTROU, IMPRIMERIE DE A. GOUVERNEUR.

BULLETIN

DE LA

SOCIÉTÉ IMPÉRIALE

DES ANTIQUAIRES

DE FRANCE

1869

PARIS

AU SECRÉTARIAT DE LA SOCIÉTÉ

AU PALAIS DU LOUVRE

ET CHEZ

DUMOULIN, QUAI DES AUGUSTINS, 13

LIBRAIRE DE LA SOCIÉTÉ

BULLETIN

DE LA

SOCIÉTÉ IMPÉRIALE

DES ANTIQUAIRES

DE FRANCE

BUREAU DE LA SOCIÉTÉ

POUR L'ANNÉE 1869.

MM. De Guilhermy,	Président.
H. Cocheris,	premier Vice-Président.
E. Le Blant,	deuxième Vice-Président,
E. Aubert,	Secrétaire.
E. Mabille,	Secrétaire-adjoint.
H. Bordier,	Trésorier.
Pol Nicard,	Bibliothécaire-archiviste.

Membres de la commission des impressions.

MM. Michelant.
A. de Barthélemy.
E. Boutaric.
Huillard-Bréholles.

Membres de la commission des fonds.

MM. Bourquelot [1].
L. Passy.
Chabouillet.

1. M. de La Villegille a été élu membre de la Commission des fonds, le 3 mars 1869, en remplacement de M. Bourquelot, décédé.

LISTE

DES MEMBRES HONORAIRES,

Au 1ᵉʳ avril 1869.

MM.

1. GUIZOT (F.) G. C. ✳, membre de l'Institut (Académies française, des inscriptions et belles-lettres et des sciences morales et politiques), rue Billaut, 10 (1828).

2. MARTONNE (G. M. DE) ✳, ancien magistrat, rue Oudinot, 16, et à la Vallée-Guyon, près Vendôme (1853).

3. BRETON (Ernest) ✳, rue Richer, 12 (1838-1854).

4. NIEUWERKERKE (le comte DE) G. O. ✳, sénateur, membre de l'Institut (Académie des beaux-arts), surintendant des beaux-arts, au Louvre (1854).

5. MAURY (Alfred) O. ✳, membre de l'Institut (Académie des inscriptions et belles-lettres, directeur général des Archives de l'Empire, bibliothécaire de l'Empereur, professeur au Collége de France, au palais des Archives, rue du Chaume (1842-1858).

6. BATAILLARD (Charles), avocat à la Cour impériale de Paris, rue Neuve-des-Petits-Champs, 65 (1842-1859).

7. SAUSSAYE (Louis DE LA) O. ✳, membre de l'Institut (Académie des inscriptions et belles-lettres), membre du comité impérial des travaux historiques et des sociétés savantes, recteur de l'Académie de Lyon, rue de l'Université, 34 (9 mars 1843).

8. . . . .

9. . . . .

10. . . . .

LISTE

DES MEMBRES RÉSIDANTS,

Au 1er avril 1869.

MM.

1. Villegille (Arthur Nouail de la) ✻, secrétaire du comité impérial des travaux historiques et des sociétés savantes, rue de Seine, 12 (29 novembre 1836).

2. Longpérier (Adrien Prévost de) O. ✻, membre de l'Institut (Académie des inscriptions et belles-lettres), conservateur des antiques des Musées impériaux, rue de Londres, 50 (9 avril 1838).

3. Lacabane (Léon) O. ✻, directeur de l'École impériale des chartes, conservateur-adjoint du département des manuscrits de la Bibliothèque impériale, avenue des Ternes, 81 (9 juin 1841).

4. Marion (Jules) ✻, membre de la commission des archives près le ministère de l'intérieur, et du comité impérial des travaux historiques et des sociétés savantes, place de la Madeleine, 17 (9 février 1843).

5. Quicherat (Jules) ✻, professeur à l'École impériale des chartes, membre du comité impérial des travaux historiques et des sociétés savantes, rue Casimir-Delavigne, 9 (9 mai 1845).

6. Renier (Léon) O. ✻, membre de l'Institut (Académie des inscriptions et belles-lettres), vice-président du comité impérial des travaux historiques et des sociétés savantes (section d'archéologie), administrateur de la Bibliothèque de l'Université, professeur au Collège de France, à la Sorbonne (9 mai 1845).

MM.

7. Villot (Frédéric) O. ✳, secrétaire-général des Musées impériaux, rue de la Ferme-des-Mathurins, 26 (10 décembre 1849).

8. Kœnigswarter (Louis) ✳, docteur en droit, correspondant de l'Institut (Académie des sciences morales et politiques), rue de Marignan, 11 (10 décembre 1849).

9. Favé (Ildefonse) C. ✳, général de brigade, commandant l'École polytechnique, aide de camp de l'Empereur, à l'École polytechnique (9 août 1850).

10. Montaiglon (Anatole de Courde de), professeur à l'École impériale des chartes, membre du comité impérial des travaux historiques et des sociétés savantes, place Royale, 9 (10 février 1851).

11. Rougé (le vicomte Emmanuel de) O. ✳, membre de l'Institut (Académie des inscriptions et belles-lettres), conseiller d'État, professeur au Collége de France, conservateur honoraire des antiquités égyptiennes du Musée du Louvre, rue de Babylone, 53 (10 mars 1851).

12. Brunet de Presle (Wladimir) ✳, membre de l'Institut (Académie des inscriptions et belles-lettres), professeur de grec moderne à l'École impériale des langues orientales vivantes, rue des Saints-Pères, 61 (9 avril 1851).

13. Huillard-Bréholles (Alphonse) ✳, membre de l'Institut (Académie des inscriptions et belles-lettres), chef de section aux archives de l'Empire, membre du comité impérial des travaux historiques et des sociétés savantes, rue de Madame, 53 (9 avril 1851).

14. Lasteyrie (le comte Ferdinand de), membre libre de l'Institut (Académie des inscriptions et belles-lettres), quai Voltaire, 11 (9 avril 1851).

15. Bordier (Henri), rue Joubert, 21 (9 avril 1851).

16. Renan (Ernest) ✳, membre de l'Institut (Académie des inscriptions et belles-lettres), bibliothécaire honoraire

au département des manuscrits de la Bibliothèque
impériale, rue Vanneau, 29 (9 avril 1851).

17. Nicard (Pol), rue de Sèvres, 38 (9 mai 1851).

18. Saulcy (Félicien Caignart de) C. ✳, sénateur, membre
de l'Institut (Académie des inscriptions et belles-lettres),
rue du Cirque, 17 (6 juin 1851).

19. Michelant (Henry-Victor) ✳, membre du comité impérial des travaux historiques et des sociétés savantes et
de la commission du catalogue des manuscrits des
départements, bibliothécaire au département des manuscrits de la Bibliothèque impériale, rue Forest, 5 (19
décembre 1853).

20. Waddington (William-Henri), membre de l'Institut
(Académie des inscriptions et belles-lettres), rue Boissy-
d'Anglas, 8 (19 décembre 1853).

21. Devéria (Théodule) ✳, conservateur-adjoint au Musée
égyptien du Louvre, rue des Fossés-Saint-Jacques, 10
(8 novembre 1854).

22. Cocheris (Hippolyte) ✳, bibliothécaire à la Bibliothèque
Mazarine, membre du comité impérial des travaux
historiques et des sociétés savantes, secrétaire de la
commission du catalogue des manuscrits des départements, au palais de l'Institut (8 novembre 1854).

23. Delisle (Léopold) ✳, membre de l'Institut (Académie
des inscriptions et belles-lettres), membre du comité
impérial des travaux historiques et des sociétés savantes,
président de la commission du catalogue des manuscrits
des départements, bibliothécaire au département des
manuscrits de la Bibliothèque impériale, rue d'Haute-
ville, 13 (9 juillet 1855).

24. Mariette (Auguste) C. ✳, conservateur honoraire des
antiquités égyptiennes du Musée du Louvre, directeur
du Musée des monuments historiques de l'Égypte, au
Louvre (9 janvier 1856).

MM.

25. Deloche (Jules-Edmond-Maximin) ✳, chef de bureau au ministère de l'agriculture, du commerce et des travaux publics, rue de l'Université, 34 (16 avril 1856).

26. Egger (Émile) O. ✳, membre de l'Institut (Académie des inscriptions et belles-lettres), professeur à la Faculté des lettres de Paris, maître de conférences honoraire à l'École normale, rue de Madame, 48 (5 mai 1858).

27. Le Blant (Edmond) ✳, membre de l'Institut (Académie des inscriptions et belles-lettres), rue Leroux, 3 (1859).

28. Creuly (Casimir) C. ✳, général de brigade dans le cadre de réserve, membre de la commission de la topographie des Gaules, rue d'Amsterdam, 49 (16 novembre 1859).

29. Boutaric (Edgard) ✳, professeur à l'École impériale des chartes, sous-chef de section aux Archives de l'Empire, membre du comité impérial des travaux historiques et des sociétés savantes, boulevard Saint-Michel, 115 (4 janvier 1860).

30. Vogüé (le comte Melchior de), membre libre de l'Institut (Académie des inscriptions et belles-lettres), rue Fabert, 2 (4 juillet 1860).

31. Parthélemy (Anatole de) ✳, membre du comité impérial des travaux historiques et des sociétés savantes, et de la commission de la topographie des Gaules, rue d'Anjou-Saint-Honoré, 9 (10 avril 1861).

32. Passy (Louis), docteur en droit, rue de Clichy, 45 (7 août 1861).

33. Bertrand (Alexandre) ✳, conservateur du Musée impérial de Saint-Germain-en-Laye, membre de la commission de la topographie des Gaules, rue de Tournon, 8 (7 août 1861).

MM.

34. Chabouillet (P. M. Anatole) ✳, conservateur sous-directeur du département des médailles et antiques à la Bibliothèque impériale, secrétaire de la section d'archéologie du comité impérial des travaux historiques et des sociétés savantes, rue La Bruyère, 58 (4 novembre 1861).

35. Guillaume-Rey (Alban-Emmanuel) ✳, rue Billaut, 35 (5 février 1862).

36. Guérin (Victor) ✳, docteur ès-lettres, rue de Vaugirard, 57 (3 décembre 1862).

37. Riant (le comte Paul), rue de Vienne, 10 (2 mai 1866).

38. Guilhermy (le baron de) ✳, conseiller à la Cour des Comptes, membre du comité impérial des sociétés savantes et de la commission des monuments historiques, rue d'Alger, 6 (4 juillet 1866).

39. Read (Charles), chef de la division des archives et des travaux historiques à la préfecture de la Seine, boulevard Saint-Germain, 2 (6 mars 1867).

40. Heuzey (Léon) ✳, professeur à l'École des beaux-arts, quai de la Mégisserie, 8 (1er mai 1867).

41. Aubert (Édouard), rue d'Anjou-Saint-Honoré, 9 (3 juillet 1867).

42. Mabille (Émile), employé au département des manuscrits de la Bibliothèque impériale, rue Saint-Louis-en-l'Ile, 64 (8 janvier 1868).

43. Perrot (G.) ✳, maître de conférences à l'École normale, rue Jacob, 21 (8 janvier 1868).

44. Wescher (C.) ✳, employé au département des manuscrits de la Bibliothèque impériale, avenue de Saxe, 33.

45. Robert (Charles), C ✳, intendant général, rue des Saints-Pères, 9 (3 mars 1869).

LISTE

DES ASSOCIÉS CORRESPONDANTS

NATIONAUX ET ÉTRANGERS.

Associés correspondants nationaux [1].

Ain.

MM.

SIRAND (Alexandre), juge au tribunal de première instance, à Bourg (9 avril 1846).

MARTIGNY (l'abbé) ✳, chanoine de Belley, à Belley (20 mars 1861).

GUIGUE (M. C.), correspondant du ministère de l'instruction publique, à Champagne eu Valromey (5 février 1868).

Aisne.

PÉCHEUR (l'abbé), à Fontenoy, près Soissons (4 mars 1857).

FLEURY (Édouard) ✳, à Laon (3 juin 1863).

Allier.

CHAZAUD, archiviste du département, à Moulins (4 mars 1863).

Alpes (Basses).

ARBAUD (Damase), à Manosque (7 août 1867).

---

1. Le Comité de publication croit devoir rappeler qu'aux termes de l'art. 2 du Règlement, la qualification d'*Associé correspondant national* ou *étranger* est la seule qui puisse être prise par les personnes dont les noms suivent. La qualification de *Membre de la Société des Antiquaires* de France est réservée aux 45 associés résidants et aux 10 associés honoraires.

Aube.

MM.

ARBOIS DE JUBAINVILLE (D') ✳, correspondant de l'Institut (Académie des inscriptions et belles-lettres), membre non-résidant du comité impérial des sociétés savantes, archiviste du département, à Troyes (12 janvier 1859).

LE BRUN DALBANNE, à Troyes (5 avril 1865).

COFFINET (l'abbé) ✳, chanoine de Troyes, à Troyes (7 juin 1865).

BOUTIOT (Théophile), à Troyes (6 juin 1867).

Aude.

TOURNAL ✳, secrétaire de la commission archéologique, membre non résidant du comité impérial des sociétés savantes, à Narbonne (11 avril 1866).

Bouches-du-Rhône.

ROUARD (E.) ✳, conservateur de la Bibliothèque de la ville, correspondant du ministère de l'instruction publique, à Aix (9 novembre 1834).

PARROCEL (E.), à Marseille (7 avril 1868).

Calvados.

CAUMONT (A. DE) O. ✳, correspondant de l'Institut (Académie des inscriptions et belles-lettres), membre non résidant du comité impérial des travaux historiques et des sociétés savantes, à Caen (9 mars 1826).

CHATEL (Eugène), archiviste du département, de la Société des Antiquaires de Normandie, de l'Académie de Caen, à Caen (4 février 1863).

DU FRESNE DE BEAUCOURT (G.), au château de Morainville, par Blangy (1er mars 1865).

Charente-Inférieure.

MM.

Delayant, conservateur de la Bibliothèque publique, à la Rochelle (4 janvier 1865).

Corrèze.

Michel (Emmanuel) ✳, ancien conseiller à la Cour impériale de Metz, à Tulle (19 mai 1846).

Côte-d'Or.

Lapérouse (Gustave), membre du conseil général de la Côte-d'Or, à Prusly-sur-Ourse (3 juin 1863).

Baudot (Henri), président de la Commission des Antiquités de la Côte-d'Or, à Dijon (5 octobre 1864).

Arbaumont (Jules d'), correspondant du ministère de l'instruction publique, à Dijon (15 novembre 1865).

Beaune (H.), substitut du procureur général, à Dijon, correspondant du ministère de l'instruction publique (15 novembre 1865).

Aubertin (Charles), correspondant du ministère de l'instruction publique, conservateur du musée, à Beaune (10 janvier 1866).

Garnier (Joseph), conservateur des archives du département de la Côte-d'Or, à Dijon (11 avril 1866).

Côtes-du-Nord.

Gaultier du Mottay (Joachim), correspondant du ministère de l'instruction publique, à Plérin (7 janvier 1863).

Creuse.

Dugenest, à Guéret (9 décembre 1837).

Fillioux (A.), conservateur du musée, à Guéret (14 mars 1866).

MM.

Gaucheraud (Hippolyte), à la Souterraine (12 juin 1867).

Duval (Louis), archiviste du département, à Guéret (18 février 1868).

Cessac (P. de), à Guéret (2 décembre 1868).

Drôme.

Chevalier (l'abbé U.), à Romans (3 février 1869).

Eure.

Bordeaux (Raymond), avocat, à Évreux (4 juillet 1860).

Devoucoux (Mgr.) ✳, évêque d'Évreux (4 juin 1862).

Lebeurier (l'abbé), archiviste du département, à Évreux (4 juin 1862).

Finistère.

Levot (P.), conservateur de la Bibliothèque du port, à Brest (1er février 1865).

Lemière (P. L.), à Morlaix (13 décembre 1865).

Gard.

Aurès O. ✳, ingénieur en chef des ponts et chaussées, à Nîmes (11 janvier 1865).

Garonne (Haute).

Barry (C. E. A. Edward), professeur à la Faculté des lettres, à Toulouse (7 juin 1865).

Roschach (Ernest), archiviste de la ville, à Toulouse, rue Héliot, 11 (16 janvier 1867).

Labatut (Edm.), à Toulouse (1er juillet 1868).

Gironde.

MM.

Moulins (Charles des), à Bordeaux, rue de Gourgues, 5 (29 août 1851).

Brunet (Gustave), à Bordeaux (8 mai 1852).

Drouyn (Léo), à Bordeaux, rue Desfourniel, 30 (2 décembre 1859).

Hérault.

Ricard (Adolphe), à Montpellier, secrétaire de la Société archéologique (9 octobre 1852).

Azaïs (Gabriel), secrétaire de la Société d'archéologie, à Béziers (4 mars 1863).

Ille-et-Vilaine.

André ✳, conseiller à la Cour impériale, à Rennes, rue des Carmes, 9 (30 septembre 1829).

Ropartz (Sigismond), avocat, à Rennes (5 mars 1862).

Morin (E.), professeur à la Faculté des lettres, à Rennes (5 février 1868).

Indre-et-Loire.

Du Plessis (G.), à Loches (9 avril 1840).

Isère.

Pilot, archiviste du département, à Grenoble (30 novembre 1846).

Gariel, conservateur de la Bibliothèque, à Grenoble (4 juillet 1866).

Jura.

Guichard, à Cousance (12 mars 1862).

Loire.

Chaverondier (Auguste), archiviste du département, à Saint-Étienne (6 juin 1866).

MM.

Gras (Pierre), archiviste de la Diana, à Montbrison (18 mars 1868).

Loire (Haute).

Aymard, archiviste du département, correspondant du ministère de l'instruction publique, conservateur du Musée, au Puy (9 novembre 1848).

Loire-Inférieure.

Cailliaud (Frédéric) ✳, directeur-conservateur du musée d'histoire naturelle, à Nantes (29 mai 1830).

Girardot (le baron de) O. ✳, membre non résidant du comité impérial des travaux historiques et des sociétés savantes, secrétaire-général de la préfecture, à Nantes (9 avril 1847).

Loiret.

Vergnaud-Romagnési, à Orléans (9 juin 1826).

Mantellier ✳, président à la cour impériale, correspondant du ministère de l'instruction publique, à Orléans (10 février 1845).

Pibrac (Germain-Philippe-Anatole Du Faur, comte de), ancien élève de l'École polytechnique, de la Société des sciences et de la Société archéologique de l'Orléanais, à Orléans (15 mai 1865).

Boucher de Molandon, à Orléans (2 décembre 1868).

Loir-et-Cher.

Rochambeau (le comte Achille de), au château de Rochambeau, commune de Thoré (6 novembre 1867).

Lot-et-Garonne.

Barrère (l'abbé), correspondant du ministère de l'instruction publique, à Agen (9 janvier 1851).

MM.

Magen, correspondant du ministère de l'instruction publique,
à Agen (1er février 1865).

Maine-et-Loire.

Godard-Faultrier, correspondant du ministère de l'instruction publique, à Angers (11 avril 1866).

Marne.

Duquenelle, à Reims (9 janvier 1856).

Barbat (L.) ✻, à Châlons-sur-Marne (10 avril 1861).

Savy ✻, agent-voyer en chef du département de la Marne,
à Châlons-sur-Marne (6 juillet 1864).

Loriquet, conservateur de la Bibliothèque publique et du
Musée, à Reims (6 juillet 1864).

Givelet (Charles), membre de l'Académie impériale de
Reims, à Reims (9 janvier 1867).

Marne (Haute).

Pistollet de Saint-Ferjeux (Th.), à Langres (10 avril
1837).

Meurthe.

Beaupré, conseiller à la Cour impériale, à Nancy (9 avril
1844).

Mougenot (Léon), à Nancy (10 juin 1861).

Rouyer (Jules), directeur des postes du département de la
Meurthe, à Nancy (2 mars 1864).

Meuse.

Dumont, juge au tribunal de première instance, à Saint-
Mihiel (20 juillet 1844).

Widrange (le comte de), à Bar-le-Duc (9 juin 1855).

Buvignier (Charles), avocat, à Verdun (4 mars 1863).

Morbihan.

MM.

Rosenzweig (Louis), archiviste du département, à Vannes
(16 janvier 1867).

Moselle.

Mardigny (Paul de) ✳, ingénieur en chef des ponts et
chaussées, à Metz (4 août 1858).

Prost (Auguste), à Metz (5 mars 1862).

Puymaigre (le comte de), au château d'Inglange, par Met-
zerwisse, et à Metz, place Saint-Martin (4 juin 1862).

Chabert (F.), à Metz (5 novembre 1862).

Abel (Charles), avocat, à Metz (4 février 1863).

Bouteiller (Ernest de), ancien capitaine d'artillerie, à Metz,
(2 février 1864).

Van der Straten Ponthoz (le comte), à Metz (18 janvier
1865).

Durand de Distroff (Anatole), avocat, à Metz (5 avril 1865).

Thilloy (Jules), conseiller à la Cour impériale, à Metz (7
mars 1866).

Nièvre.

Lespinasse (René Leblanc de), archiviste-paléographe, à
Nevers (1er juillet 1868).

Nord.

Coussemaker (Edmond de) ✳, correspondant de l'Institut
(Académie des inscriptions et belles-lettres), membre
non résidant du comité impérial des travaux historiques
et des sociétés savantes, à Lille (19 mai 1851).

Godefroy-Ménilglaise (le marquis de) ✳, à Lille, et à Paris,
rue de Grenelle-Saint-Germain, 73 (9 mai 1855).

Mannier (E.), ancien notaire, à la Bassée (5 juin 1861).

Van Hende (Ed.), à Lille (1er juillet 1868).

Oise.

MM.

Colson (le docteur) ✳, à Noyon (9 juillet 1852),

Longpérier-Grimoard (Alfred Prévost de), à Longpérier, près Lagny-le-Sec (5 mars 1856).

Peigné-Delacourt ✳, à Ribecourt (16 avril 1856).

Mathon, conservateur du Musée, correspondant du ministère de l'instruction publique, à Beauvais (7 décembre 1864).

Demarsy (Arthur), conservateur du musée Vivenel, à Compiègne (12 décembre 1866).

Orne.

Chennevières-Pointel (le marquis Philippe de) ✳, à Bellesme (9 avril 1854).

Jousset (le docteur), à Bellesme (6 janvier 1869).

Pas-de-Calais.

Deschamps de Pas (Louis) ✳, ingénieur des ponts et chaussées, correspondant du ministère de l'instruction publique, à Saint-Omer (19 février 1839).

Héricourt (le comte Achmet d') ✳, correspondant du ministère de l'instruction publique, à Souchez, près Arras (9 décembre 1846).

Boulangé (Georges) ✳, ingénieur en chef des ponts et chaussées, à Arras (9 février 1853).

Van Drival (l'abbé), chanoine honoraire, directeur du grand séminaire, à Arras (9 janvier 1854).

Linas (Charles de) ✳, membre non résidant du comité impérial des travaux historiques et des sociétés savantes, à Arras (2 mars 1859).

Marmin (Charles), conservateur du Musée, à Boulogne-sur-Mer (2 décembre 1863).

Becq de Feuquières, à Ramecourt (3 mars 1869).

Puy-de-Dôme.

MM.

Bouillet (J. B.) ✳, correspondant du ministère de l'instruction publique, à Clermont-Ferrand (19 mars 1836).

Pyrénées (Basses).

Lagrèze (Bascle de) ✳, conseiller à la Cour impériale, correspondant du ministère de l'instruction publique, à Pau (9 août 1847).

Raymond (P.), archiviste du département, à Pau (7 décembre 1864).

Rhin (Bas).

Levrault (Louis), correspondant du ministère de l'instruction publique, à Obernay (9 décembre 1843).

Morlet (Charles-Gabriel de) O. ✳, colonel du génie en retraite, à Saverne et à Strasbourg (6 juin 1860).

Spach (Louis) ✳, archiviste du département, à Strasbourg (6 janvier 1864).

Chéruel (A.) O. ✳, recteur de l'Académie, à Strasbourg (7 août 1867).

Rhin (Haut).

Chauffour (Ignace), avocat, à Colmar (7 juin 1865).

Mosmann, archiviste de la ville de Colmar, aux Unterlinden (6 février 1867).

Rhône.

Allmer (A.), place du Prince-Impérial, 9, à Lyon (6 mars 1861).

Soultrait (le comte Georges de) ✳, membre non résidant du comité impérial des travaux historiques et des sociétés savantes, à Lyon (2 février 1864).

Martin-Daussigny (le docteur), conservateur du musée des antiques, à Lyon (20 avril 1864).

Morin-Pons (Henri), à Lyon (4 janvier 1865).

Saône (Haute).

MM.

Suchaux (Henri), à Vesoul (6 juin 1866).

Saône-et-Loire.

Fouque (Victor), correspondant du ministère de l'instruction publique, à Châlon-sur-Saône (9 avril 1853).

Chabas (F.) ✳, à Châlon-sur-Saône (9 juillet 1856).

Bulliot, président de la Société Éduenne, à Autun (6 novembre 1862).

Ragut (Camille), archiviste du département, à Mâcon (7 juin 1865).

Charmasse (Anatole de), à Autun (14 mars 1866).

Sarthe.

Hucher (E.) ✳, correspondant du ministère de l'instruction publique, au Mans (18 novembre 1863).

Savoie.

Despine (le docteur baron Constant), inspecteur des eaux minérales, à Aix-les-Bains (6 mars 1861).

Savoie (Haute).

Despine (A.), à Annecy (4 juin 1862).

Seine.

Leguay (Louis), architecte, à la Varenne-Saint-Maur (6 juin 1867).

Seine-Inférieure.

Delaquerrière (E.), à Rouen (29 mars 1823).

Cochet (l'abbé) ✳, correspondant de l'Institut (Académie des inscriptions et belles-lettres), membre non résidant du comité des travaux historiques et des sociétés savantes, à Rouen, rue des Carmélites (9 août 1853).

MM.

Lépinois (de), conservateur des hypothèques, à Rouen (16 novembre 1859).

Semichon (E.), boulevard Beauvoisine, 31, à Rouen (2 avril 1862).

Belleval (René de), au château de Bois-Robin, par Aumale (4 mars 1864).

Ménant (Joachim), juge, au Hâvre (1er avril 1863).

Seine-et-Marne.

Carro (A.), imprimeur, bibliothécaire de la ville, à Meaux (12 décembre 1860).

Ponton d'Amécourt (le vicomte de) ✳, à Trilport (21 décembre 1864).

Le Roy (G.), bibliothécaire de la ville, à Melun (4 décembre 1867).

Seine-et-Oise.

Moutié (Auguste), correspondant du ministère de l'instruction publique, à Rambouillet (9 mars 1849).

Vinet (Ernest), à Sannois (5 juin 1861).

Benoit ✳, conseiller à la Cour impériale de Paris, à Mantes (9 août 1855).

Davillier (Charles), à Morainvillers (3 juin 1863).

Cougny (E.), professeur au lycée impérial, à Versailles (4 janvier 1865).

Masquelez ✳, bibliothécaire de l'École impériale militaire, à Saint-Cyr (1er février 1865),

Sèvres (Deux).

Beauchet-Filleau, juge de paix, à Chefboutonne (11 mai 1865).

Rondier, juge honoraire, à Melle (7 juin 1865).

Somme.

MM.

Dusevel (H.), membre non résidant du comité impérial des travaux historiques et des sociétés savantes, à Amiens (9 janvier 1831).

Garnier (Joseph) ✳, correspondant du ministère de l'instruction publique, secrétaire perpétuel de la Société des Antiquaires de Picardie, conservateur de la Bibliothèque de la ville, à Amiens (9 mai 1851).

Leclerc (Lucien), médecin-major de 1re classe au 43e de ligne, à Amiens (20 novembre 1851).

Cagny (l'abbé Paul de), curé d'Ennemain, par Athies (5 mai 1858).

Corblet (l'abbé Jules) ✳, chanoine, historiographe du diocèse, directeur de la revue *l'Art chrétien,* à Amiens (12 mai 1858).

Cauvel de Beauvillé (Victor), à Montdidier (8 décembre 1858).

Septenville (le baron de), au château de Lignières, canton de Poix (1er mars 1865).

Tarn.

Clausade (Gustave de), avocat, à Rabastens (9 juin 1847).

Grellet-Balguerie, juge à Lavaur (3 juin 1863).

Tarn-et-Garonne.

Marcellin (l'abbé), à Montauban (9 décembre 1843).

Mary Lafon ✳, bibliothécaire, à Montauban (9 mars 1853).

Lagréze-Fossat (A.), à Moissac (16 janvier 1867).

Devals, ancien archiviste, à Montauban (1er mai 1867).

Var.

Giraud (l'abbé Magloire), correspondant du ministère de l'instruction publique, à Saint-Cyr (11 avril 1866).

Vaucluse.

MM.

Deloye (Auguste), conservateur du musée Calvet, à Avignon (2 mai 1866).

Vendée.

Fillon (Benjamin), à Fontenay (10 décembre 1849).

Baudry (l'abbé), curé au Bernard (2 décembre 1868).

Vienne.

Lecointre-Dupont (G.), correspondant du ministère de l'instruction publique, à Poitiers (9 janvier 1844).

Auber (l'abbé), chanoine titulaire, historiographe du diocèse, à Poitiers (9 janvier 1851).

Longuemar (Le Touzé de), correspondant du ministère de l'instruction publique, à Poitiers (3 février 1869).

Vosges.

Laurent (Jules), conservateur du Musée, à Épinal (6 février 1867).

Duhamel, archiviste du département, à Épinal (   ).

Yonne.

Salmon (Philippe), correspondant du ministère de l'instruction publique, à Cerisiers, près Sens (9 mai 1855).

Algérie.

Galles (René), sous-intendant militaire, à Alger (4 avril 1864).

Associés correspondants nationaux, résidant à l'étranger.

Espagne.

Tiran (Melchior) ✳, consul de France et chancelier de l'ambassade de France, à Madrid (29 décembre 1845).

Associés correspondants étrangers.

Angleterre.

MM.

ELLIS (Sir Henry), ancien directeur du Musée britannique, à Londres (19 décembre 1829).

AKERMAN (John-Yonge), secrétaire de la Société des Antiquaires de Londres, à Londres (19 novembre 1841).

HALLIWEL (James-Orchard), membre de la Société des Antiquaires de Londres, à Londres (9 décembre 1849).

BIRCH (Samuel), conservateur des antiquités égyptiennes et assyriennes du Musée britannique, à Londres (9 décembre 1850).

ROACH SMITH (Charles), membre de la Société des Antiquaires de Londres, à Rochester (9 avril 1851).

WRIGHT (Thomas), correspondant de l'Institut (Académie des inscriptions et belles-lettres), à Londres (9 janvier 1852).

PETRIE (G.), membre de l'Académie royale d'Irlande, à Dublin (10 janvier 1853).

COLLINGWOOD BRUCE (John), membre de la Société des Antiquaires de Londres, à Newcastle-sur-Tyne (9 mai 1853).

LOFTUS, à Ettrick, en Écosse (4 novembre 1857).

PARKER (John-Henri), à Oxford (2 juin 1858).

MAYER (Joseph), à Liverpool (11 août 1858).

FRANKS (Augustus-Wollaston), directeur de la Société des Antiquaires de Londres (5 février 1862).

HARTH (William-Henri), à Londres (6 juillet 1864).

Bade.

PFAFFENHOFFEN (le baron Frantz VON), chambellan de S. A. R. le grand-duc de Bade, à Donaueschingen (6 novembre 1867).

Belgique.

MM.

Van der Meersch, archiviste de la Flandre orientale, à Gand
(9 mars 1845).

Roulez (J.) ✳, correspondant de l'Institut (Académie des
inscriptions et belles-lettres), membre de l'Académie
de Belgique, professeur d'archéologie à l'Université, à
Gand (19 mai 1846).

Witte (le baron J. de) ✳, associé étranger de l'Institut
(Académie des inscriptions et belles-lettres), membre
de l'Académie de Belgique, à Anvers (19 mai 1846).

Chalon (Renier), membre de l'Académie de Belgique, à
Bruxelles (29 août 1851).

Polain (Matthieu-Lambert) ✳, correspondant de l'Institut
(Académie des inscriptions et belles-lettres), membre
de l'Académie de Belgique, administrateur de l'Université, à Liége (9 mai 1853).

Schaepkens (A.), artiste peintre, à Bruxelles (2 juillet 1856).

Otreppe de Bouvette (d'), président de l'Institut archéologique de Liége, à Liége (6 juin 1860).

Del Marmol, président de la Société archéologique de
Namur, à Namur (20 mars 1861).

Dognée (Eugène, M.-O.) ✳, à Liége (6 juin 1867).

Danemark.

Worsaae, inspecteur des monuments historiques du Danemark, à Copenhague (9 août 1854).

Müller (Louis), inspecteur du cabinet royal des médailles,
à Copenhague (25 mars 1858).

Schmitt (Waldemar), à Copenhague (3 juin 1868).

Espagne.

Castellanos de Losada (Basile-Sébastien), membre de l'Académie d'archéologie, à Madrid (9 avril 1851).

MM.

Delgado (Antonio), membre de l'Académie royale de
l'histoire et conservateur des antiques de cette compagnie, à Madrid (9 janvier 1852).

Martinez y Reguera (Dr Léopoldo), à Bujalance, province de
Cordoue (6 novembre 1867).

États Pontificaux.

Rossi (le chevalier J. B. de) ✳, correspondant de l'Institut
(Académie des inscriptions et belles-lettres), interprète
des manuscrits à la bibliothèque du Vatican, membre
de la commission dès antiquités chrétiennes et du
collége philologique de l'Université, à Rome (10 janvier
1853).

Garrucci (le P. Raffaele), professeur au collége romain, à
Rome (9 juillet 1854).

Henzen (le Dr Wilhelm), correspondant de l'Institut (Académie des inscriptions et belles-lettres), à Rome (16 janvier
1867).

États-Unis.

Squier (É. G.), à New-York (9 juillet 1851).

Everett (Edward), à Boston (9 juillet 1851).

Francfort.

Diefenbach (Lorenz), à Francfort-sur-le-Mein (9 janvier
1852).

Grèce.

Rangabé (A. Rizo), correspondant de l'Institut (Académie des
inscriptions et belles-lettres), à Athènes (19 octobre
1849).

Hollande.

Janssen (L. J. F.), conservateur du Musée d'antiquités, à
Leyde (10 décembre 1849).

Wal (J. de), professeur à l'Université, à Leyde (10 décembre
1849).

MM.

Namur (A.), à Luxembourg (29 août 1850).

Leemans (Conrad), directeur du Musée d'antiquités, à Leyde (9 janvier 1852).

Dirks (J.), de l'Académie royale des sciences des Pays-Bas, à Leuwarden (3 mars 1869).

Italie.

Cibrario (Louis) G. O. ✳, correspondant de l'Institut (Académie des sciences morales et politiques), membre de l'Académie royale des sciences, à Turin (20 août 1832).

Morbio (le chev. Charles), secrétaire perpétuel de l'Académie royale, à Milan (9 mars 1839).

Bonnefoy (l'abbé), à Jarsy (9 mars 1842).

Fusco (Joseph-Marie), à Naples (9 décembre 1850).

Cittadella (Luigi-Napoleone), conservateur des Archives, à Ferrare (6 juin 1860).

Conestabile (le comte Giancarlo), correspondant de l'Institut (Académie des inscriptions et belles-lettres), professeur à l'Université, à Pérouse (6 mars 1862).

Portugal.

Macedo (le conseiller, commandeur de), secrétaire perpétuel de l'Académie royale, à Lisbonne (9 décembre 1836).

Prusse.

Friedlaender (Julius), conservateur du Musée, à Berlin (9 décembre 1850).

Zumpft (A. W.), membre de l'Académie des sciences, à Berlin (9 janvier 1852).

Mommsen (Théodore) ✳, correspondant de l'Institut (Académie des inscriptions et belles-lettres), membre de l'Académie des sciences, à Berlin (9 janvier 1852).

Lepsius (Richard) ✳, correspondant de l'Institut (Académie

des inscriptions et belles-lettres, membre de l'Académie des sciences, à Berlin (10 novembre 1858).

Pertz (Georges), membre de l'Académie royale des sciences, directeur de la Bibliothèque royale, associé étranger de l'Institut de France (Académie des inscriptions et belles-lettres), à Berlin (16 novembre 1859).

Jahn (Otto), correspondant de l'Institut (Académie des inscriptions et belles-lettres), professeur à l'Université, à Bonn (10 janvier 1853).

Bock (le chanoine), à Aix-la-Chapelle (1er mai 1867).

Russie.

Labanoff (le prince A. de), à Saint-Pétersbourg (9 février 1827).

Kœhne (le baron Bernard de), conseiller d'État actuel, à Saint-Pétersbourg (10 décembre 1849).

Bartholoméi (le général J. de), membre de l'Académie impériale d'archéologie, à Tiflis (9 décembre 1850).

Sabatier, membre de l'Académie impériale d'archéologie, à Saint-Pétersbourg (29 août 1851).

Ouvaroff (le comte), recteur de l'Université, à Moscou (4 novembre 1857).

Suisse.

Quiquerez, à Bellerive, près Délémont, canton de Berne (19 février 1847).

Vulliemin (Louis), à Lausanne (10 décembre 1849).

Schneller, à Lucerne (1er juillet 1857).

Fazy (Henry), professeur, à Genève (4 février 1863).

Morel-Fatio (Arnold), conservateur du Musée, à Lausanne (11 juillet 1866).

Pictet (Adolphe), à Genève (6 mai 1868).

Keller (le docteur F.), à Zurich (3 mars 1869),

Wurtemberg.

Keller (Adelbert von), professeur de littérature du moyen-âge, à l'Université de Tubingue (2 avril 1862).

LISTE

DES SOCIÉTÉS SAVANTES

avec lesquelles la Compagnie est en correspondance.

Sociétés françaises.

ACADÉMIE des inscriptions et belles-lettres de l'Institut impérial de France.

AISNE, *Saint-Quentin*. Société académique.

ALLIER. Société d'émulation.

AUBE, *Troyes*. Société d'agriculture, sciences, arts et belles-lettres du département.

CALVADOS, *Caen*. Société des antiquaires de Normandie.

— Académie impériale des sciences, arts et belles-lettres de Caen.

— *Bayeux*. Société d'agriculture, sciences, arts et belles-lettres. Société française d'archéologie.

CHARENTE, *Angoulême*. Société d'agriculture, arts et commerce du département.

CHER, *Bourges*. Commission historique du Cher.|

CÔTE-D'OR, *Dijon*. Commission d'archéologie.

CÔTES-DU-NORD, *Saint-Brieuc*. Société archéologique et historique des Côtes-du-Nord.

CREUSE, *Guéret*. Société des sciences naturelles et archéologiques de la Creuse.

DOUBS, *Besançon*. Société d'émulation du Doubs.

EURE-ET-LOIR, *Chartres*. Société archéologique du département.

GARD, *Nimes*. Académie.

GARONNE (HAUTE-), *Toulouse*. Académie impériale des sciences, inscriptions et belles-lettres. — Société archéologique du midi de la France.

GIRONDE, *Bordeaux*. Commission des monuments et documents historiques de la Gironde.

HÉRAULT, *Montpellier*. Société archéologique.

— *Béziers*. Société archéologique.

INDRE-ET-LOIRE, *Tours*. Société archéologique.

LANDES, *Mont-de-Marsan*. Société des lettres, sciences et arts.

LOIR-ET-CHER, *Blois*. Société des sciences et lettres.

— *Vendôme*, Société archéologique du Vendômois.

LOIRE (HAUTE-), *Le Puy*. Société d'agriculture, sciences, arts et commerce.

LOIRET, *Orléans*. Société archéologique de l'Orléanais.

MAINE-ET-LOIRE. Répertoire archéologique de l'Anjou.

MARNE, *Reims*. Académie impériale de Reims.

— *Châlons-sur-Marne*. Société d'agriculture, commerce, sciences et arts.

MARNE (HAUTE-), *Langres*. Société historique et archéologique.

MEUSE, *Verdun*. Société philomatique.

MEURTHE, *Nancy*. Académie de Stanislas.

MOSELLE, *Metz*. Académie impériale de Metz. — Société d'archéologie et d'histoire.

NORD, *Lille*. Société impériale des sciences, de l'agriculture et des arts.

— *Cambrai*. Société d'émulation.

— *Douai*. Société impériale et centrale d'agriculture, sciences et arts.

— *Dunkerque*. Société dunkerquoise pour l'encouragement des sciences, des lettres et des arts. — Société archéologique de l'arrondissement d'Avesnes.

Oise, *Beauvais*. Société académique d'archéologie, sciences et arts.

Pas-de-Calais, *Arras*. Académie d'Arras.

— *Saint-Omer*. Société des antiquaires de la Morinie.

Rhin (Bas-), *Strasbourg*. Société pour la conservation des monuments historiques de l'Alsace.

Rhône, *Lyon*. Académie impériale des sciences, belles-lettres et arts.

Saône-et-Loire, *Autun*. Société Éduenne.

Savoie, *Chambéry*. Société Savoisienne d'histoire et d'archéologie.

— *Annecy*. Société Florimontane.

Seine, *Paris*. Société de l'histoire de France. — Institut historique. — Société philotechnique. — Société d'archéologie parisienne.

Seine-et-Marne, *Melun*. Société d'archéologie, sciences, lettres et arts du département.

Seine-et-Oise, *Rambouillet*. Société archéologique.

— *Versailles*. Société des sciences morales, des lettres et des arts.

Seine-Inférieure, *Rouen*. Académie des sciences, belles-lettres et arts. — Commission départementale des antiquités de la Seine-Inférieure.

Sèvres (Deux-), *Niort*. Société de statistique.

Somme, *Amiens*. Société des antiquaires de Picardie. — Académie du département de la Somme.

Tarn, *Castres*. Société littéraire et scientifique.

Var, *Toulon*. Société des sciences, belles-lettres et arts.

Vienne, *Poitiers*. Société des antiquaires de l'Ouest.

Vienne (Haute-), *Limoges*. Société archéologique et historique du Limousin.

Vosges, *Épinal*. Société d'émulation du département.

Yonne, *Auxerre*. Société des sciences historiques et naturelles.

— *Sens*. Société archéologique de Sens.

Algérie. *Alger*. Société historique algérienne.

— *Constantine*. Société archéologique.

Sociétés étrangères.

Angleterre, *Londres*. Société royale des antiquaires. — The archeological Institute of Great Britain and Ireland. — Société des antiquaires d'Écosse. — Société numismatique.

Autriche, *Vienne*. Académie impériale des sciences.

— *Laybach*. Société historique de la Carniole.

— *Grœtz*. Société historique de Styrie.

Bade, *Manheim*. Société historique.

Bavière, *Munich*. Académie royale des sciences.

— *Bamberg*. Société historique.

— *Nuremberg*. Muséum germanique.

— *Ratisbonne*. Société historique du Haut-Palatinat.

Belgique, *Bruxelles*. Académie royale de Belgique.

— *Liége*. Société liégeoise de littérature Wallonne. — Académie d'archéologie.

— *Mons*. Société des sciences, des arts et des lettres du Hainaut.

Danemark, *Copenhague*. Société royale des antiquaires du Nord.

— *Odensée*. Société littéraire de Fionie.

Espagne, *Madrid*. Académie royale d'histoire.

— Académie royale des beaux-arts de San-Fernando.

États-Unis, *Boston*. Société des antiquaires.

— *New-York*. Société ethnologique.

— *Philadelphie*. Société philosophique américaine.

— *Washington*. Institut Smithsonien.

Grèce, *Athènes*. Société archéologique.

Hesse-Darmstadt, *Mayence*. Société des antiquaires.

Hollande, *Leuwarden*. Société historique, archéologique et littéraire de la province de Frise.

Italie, *Turin*. Académie royale des sciences.

Luxembourg, *Luxembourg*. Société archéologique.

Nassau, *Wiesbaden*. Société des antiquaires.

Portugal, *Lisbonne*. Académie royale des sciences.

Russie, *Saint-Pétersbourg*. Académie impériale des sciences.

Suède, *Stockholm*. Académie royale des inscriptions et belles-lettres.

Suisse, *Bâle*. Société nationale des antiquaires. — Société historique.

— *Zurich*. Société des antiquaires.

— *Lausanne*. Société d'histoire de la Suisse Romande.

— *Lucerne*. Société historique des Cinq Cantons.

— *Genève*. Société d'histoire et d'archéologie.

Turquie, *Constantinople*. Société centrale.

NOTICE

SUR M. TAILLANDIER

PAR

M. POL NICARD,

Membre résidant.

J'ai hésité longtemps à accepter la lourde tâche que votre
Président, qui vient de sortir de charge, m'avait assignée
en me demandant l'éloge de notre confrère, Taillandier. Il
s'agissait en effet d'apprécier convenablement le mérite d'un
homme qui a été tout à la fois un jurisconsulte habile, un
magistrat de l'ordre le plus élevé, un antiquaire plein de
zèle, un homme qui, dans le cours d'une assez longue carrière,
a beaucoup écrit sur les sujets les plus variés et qui a pris en
outre une part importante aux affaires de notre pays. Cependant malgré les difficultés d'un éloge semblable, plusieurs motifs m'ont déterminé à me rendre aux vœux de
notre ancien président ; ces motifs, je tiens, Messieurs, à
vous les faire connaître. Notre regrettable confrère Taillandier, est né à Paris, qui est également le lieu de ma naissance ; il a fait ses études au collége Napoléon ; quelques
années plus tard nous nous sommes rencontrés soit sur les
mêmes bancs, soit dans les cloîtres de la vieille abbaye de
Sainte-Geneviève et au jour solennel de la distribution des
prix nous avons respiré le frais sous les ombrages des vieux
maronniers de la terrasse, qui ont été coupés il y a quelques
années.

Taillandier, à la sortie du lycée, est entré à l'École de Droit, dont j'ai moi-même suivi les cours ; il a prêté serment comme avocat à la Cour royale de Paris ; le même serment m'a été demandé. Le goût de notre confrère pour l'étude de la législation criminelle s'est manifesté dès son début dans la carrière, je me suis livré à la même étude ; tous les deux enfin, nous avons professé des opinions politiques fort rapprochées, et, comme presque toute la jeunesse française d'alors, nous avons contribué aux succès de l'opposition libérale. Ayant eu les mêmes ardeurs, les mêmes aspirations, les mêmes espérances, des illusions et des mécomptes pareils nous attendaient.

Après ce parallèle que vous trouverez peut-être un peu ambitieux, j'entre immédiatement en matière, et pour plus de clarté, je me propose dans cet éloge de parler d'abord du jurisconsulte, ensuite de l'homme politique, et enfin mais surtout de l'antiquaire, qui à trois reprises différentes a présidé la compagnie devant laquelle je parle.

Notre confrère avait, peu d'années avant sa mort, communiqué à l'un des auteurs de la vaste compilation publiée par MM. Didot, sous le titre de *Biographie générale*, les documents propres à fournir, à celui qui ferait un jour son éloge, des renseignements positifs concernant les principales actions d'une vie qui certes n'a pas été sans utilité pour le pays auquel elle a été en grande partie consacrée ; conséquemment tout ce que je vais dire repose sur des preuves sûres et certaines, ce qui n'est pas un mince avantage pour un biographe.

Notre confrère était né le 10 mai 1797 à Paris, où il est mort le 16 juillet de l'année 1867. Fils d'un avoué, Taillandier fut placé comme externe au Lycée Napoléon. Ses études classiques terminées, notre confrère suivit les cours de l'École de Droit, et en 1820 il fut admis à faire son stage d'avocat devant la Cour royale du département de la Seine. C'est en cette qualité qu'il prononça le 24 novembre de la même année un discours sur *les devoirs de l'avocat*, à l'occasion de la rentrée de la conférence justinienne dont il faisait partie. La plaidoierie ne paraît pas avoir eu beau-

coup d'attraits pour Taillandier, car en 1823 il acquit une
charge d'avocat aux Conseils du Roi et à la Cour de cassation,
dont les occupations moins pressantes et moins répétées
convenaient davantage à ses goûts studieux.

Quelques mois avant l'acquisition de cet office, Taillandier avait fait un voyage en Angleterre dont il connaissait
la langue, et où il eut l'avantage de se lier avec plusieurs
jurisconsultes éminents, parmi lesquels nous citerons le
criminaliste Bentham, le savant Erskine, et enfin Makin-
tosch, dont le souvenir est inséparable de la réforme par-
lementaire chez nos voisins. Les noms de ces trois personnages, tous trois morts aujourd'hui, et auxquels Taillandier
était appelé à survivre, indiquent quelles étaient les vues
qui dirigeaient notre confrère. Il pensait dès cette époque,
comme lui-même l'a dit, que les nations doivent s'emprunter
réciproquement les découvertes de leurs philosophes et de
leurs législateurs, comme elles s'empressent de profiter des
lumières répandues sur les sciences et sur les arts par
ceux qui les cultivent, quelle que soit la contrée qui les a
vus naître. Un voyage entrepris dans un pareil esprit devait
profiter à Taillandier qui, très-peu de temps après son retour
sur le continent, utilisa le fruit des observations qu'il avait
recueillies en Angleterre, en publiant l'ouvrage auquel il a
donné pour titre : *Réflexions sur les lois pénales de la
France et de l'Angleterre*, et qu'il a dédié au vertueux et
docte Henrion de Pansey, magistrat célèbre, dont notre
confrère a honoré la mémoire à deux reprises différentes
dans les *Annales du Barreau.*

Les réflexions issues de la plume du jeune avocat signa-
lent de bonne heure la route qu'il va suivre désormais sans
s'en laisser détourner; elles nous permettent de l'envisager
sous l'aspect d'un jurisconsulte comparatif, désireux de voir
la France adopter l'admirable procédure criminelle de l'Angleterre, et font pressentir le criminaliste philanthrope de
l'âge mûr, le député libéral du gouvernement de la branche
cadette des Bourbons, et l'antiquaire enfin qui emploie le
flambeau de la civilisation des Grecs et des Romains à
éclairer les pas du législateur moderne.

Lorsque Taillandier, à propos des châtiments des lois pénales de Rome, dont Tite-Live cependant a vanté la douceur, ne craint pas de dire que le législateur, à quelque nation qu'il appartienne, manque entièrement son but, lorsqu'il ne mesure pas rigoureusement la peine au délit, il condamne par celà même le système suivi si longtemps en France à presque toutes les époques. Ce fut le cas notamment pendant toute la durée de la législation criminelle sous le gouvernement féodal et dans l'ancienne monarchie française, que cette législation ait été écrite dans les Établissements attribués à S. Louis, lesquels cependant avaient introduit des améliorations notables dans le régime de la justice, mais qui ne survécurent pas à l'époque qui les avait vu rédiger ; ou dans les édits de François Ier, qui introduisirent le secret dans l'instruction des procès criminels, et un peu plus tard dans les ordonnances de Louis XIV qui multiplièrent à l'excès la peine de mort en ajoutant à la perte de la vie mille horribles tortures, sans parler de la question ordinaire et extraordinaire. Cette législation est restée en vigueur presque tout entière jusqu'à l'Assemblée constituante, qui pour employer les expressions de Taillandier, donna la première un bel exemple à suivre aux nations qui voudraient adopter les principes d'humanité et de raison sur lesquels le code pénal décrété par ses soins a été établi.

Taillandier, dans sa comparaison de la législation pénale de l'Angleterre et de la France, méritait le succès que son livre obtint, parce qu'au moment de sa publication, ce sujet était encore neuf et que les vœux généreux du jeune auteur pour la réforme des lois criminelles de notre pays devaient être en grande partie accueillis depuis.

Taillandier, en effet, a eu la joie de voir supprimer tour à tour la mutilation du poing, l'exposition publique, la marque, mais surtout les peines énormes encourues par la non révélation en matière de complot.

En attendant le moment qui s'avançait de consacrer toute son activité aux affaires publiques, notre confrère ne perdait pas inutilement les heures de loisir qu'il dérobait au barreau de la Cour de cassation auquel il appartenait, comme nous l'avons dit plus haut.

Successivement rédacteur du *Globe,* de la *Gazette des tribunaux,* du *Lycée français,* de la *Revue encyclopédique,* de la *Thémis,* Taillandier s'occupait en même temps du droit public de l'Allemagne, sur lequel il écrivait, et de la législation française, notamment de celle qui concernait *les manufactures et ateliers insalubres et dangereux,* et les *émigrés,* victimes de nos discordes civiles. Après être revenu quelque temps à l'étude du droit romain dont l'histoire le préoccupait un instant, Taillandier signait, en sa qualité d'avocat, la consultation demandée par le comte de Montlosier à l'appui de son *Mémoire à consulter sur un système religieux, politique et tendant à renverser la religion, la société et le trône.* L'esprit vigoureux, mais un peu singulier sans doute, qui a écrit ce pamphlet aujourd'hui oublié, quoiqu'il ait eu jusqu'à huit éditions dans la même année, est éteint depuis longtemps; l'avocat que consultait le comte de Montlosier nous a quittés également, et une partie de la jeunesse française reçoit en ce moment des leçons des maîtres de l'institut célèbre qu'attaquait en 1826 le partisan convaincu des idées du chancelier de L'Hopital, dont Taillandier devait tenir plus tard à honneur de faire revivre les traits imposants.

Nous voici arrivés, Messieurs, par une pente insensible, à l'époque la plus importante de la vie de notre confrère, qui après avoir publié une notice intéressante sur les *Assises de Jérusalem,* et presque en même temps un commentaire de l'ordonnance des *conflits,* entra comme membre actif dans la société célèbre *aide-toi, le ciel t'aidera.* Cette association de pairs, de députés, d'écrivains et de simples citoyens, laquelle comptait dans son sein d'anciens adversaires, tels que Benjamin Constant et Châteaubriand, un peu étonnés de se trouver réunis sous le même drapeau, avait été formée en 1827, sous le ministère de M. de Villèle, et, comme vous le savez, la plupart de ses membres ont joué un rôle important avant la révolution de 1830. Taillandier faisait partie des commissions de la même société chargées de diriger au profit des opinions ardentes du moment les nouvelles élections.

De concert avec MM. Odillon Barrot et de Crusy, (ce dernier était depuis longtemps le collaborateur de Taillandier, et c'est avec son concours qu'il a publié un recueil général des anciennes lois françaises depuis l'an 420 jusqu'à la révolution de 1789), notre confrère rédigea le nouveau Manuel de l'électeur. Tiré à 20,000 exemplaires, répandu partout gratuitement par les soins de la Société dont je viens de parler, il contribua au succès des candidats de l'opposition.

La révolution de 1830 ne se montra pas ingrate envers ceux qui l'avaient appelée de leurs vœux ou provoquée par leurs écrits.

Louis-Philippe, sur la proposition de Dupont de l'Eure, alors garde des sceaux, nomma Taillandier conseiller à la cour royale de Paris le 28 septembre 1830.

Ici commence la seconde phase de la vie de Taillandier, il devient homme politique.

Le temps était désormais irrévocablement passé où il trouvait assez de loisir et de repos d'esprit pour s'amuser à traduire de l'anglais de romanesques aventures ou pour en composer lui-même; aux préoccupations graves du magistrat chargé de diriger les débats en matière criminelle, notre confrère allait, à sa grande satisfaction, joindre des soins plus importants et non moins difficiles, il aspirait à l'honneur de devenir le législateur de son pays, en contribuant à la confection des lois dont il avait poursuivi l'amélioration avec un zèle digne d'éloges.

Nommé député par le département du Nord au mois de juillet 1831, Taillandier siégea à la chambre des députés dans les rangs de l'opposition jusqu'en 1834, époque de la dissolution de la chambre. Il ne fut pas réélu cette même année, mais en 1837 deux arrondissements, celui de Cambray et d'Avesne le nommèrent de nouveau leur député. Cette double élection, si honorable pour celui qui en fut l'objet, n'assura pas cependant la réélection de notre confrère en 1842; mais l'année suivante il fut appelé à un plus grand

honneur, car il obtint pour la première fois les suffrages d'une des circonscriptions électorales de la capitale de la France, et il était encore un des députés de Paris
lorsqu'éclata la révolution de 1848 qui l'émut douloureuse-
ment.

Si Taillandier crut devoir refuser les fonctions de procureur général à la Cour d'Appel de Paris, qui lui avaient été
offertes, il n'en accepta pas moins un peu plus tard le secrétariat général du ministère de la justice qu'il ne fit que tra-
verser. Le 12 novembre 1848 notre confrère fut en effet nommé
conseiller à la Cour de Cassation par le président du Conseil chargé du pouvoir exécutif, E. Cavaignac, et il est mort
revêtu de cette fonction.

Taillandier au surplus ne s'est pas contenté de voter silen-
cieusement à la Chambre des députés. Suivant les inspirations de sa conscience, il a cru devoir rendre compte à ses
commettants de sa conduite politique, notamment en 1831,
en 1834 et en 1837. Ce serait abuser de vos moments, Messieurs, que d'insister plus longtemps sur le mérite de Taillandier comme législateur. Si à notre avis il a eu tort de
voter contre l'hérédité de la pairie, car l'hérédité joue dans
la vie sociale de l'humanité un rôle très-important, il ne
s'est pas du moins contenté de déposer un vote silencieux,
il a tenu à faire connaître publiquement les motifs qui
l'avaient déterminé. Mais bien certainement notre confrère
n'a pas erré lorsque, fidèle aux convictions de sa jeunesse,
il a contribué à réformer notre code pénal, en votant en
1832 la loi qui admet des circonstances atténuantes en matière criminelle, abolit la peine de mort dans un grand nombre de cas et modifie les articles du même code relatifs à la
mort civile.

Cependant les nouveaux devoirs de notre confrère comme
député ne paraissent point avoir ralenti la marche des travaux du jurisconsulte, car non-seulement il a continué pendant toute la durée du gouvernement de juillet sa collabo-
ration aux recueils périodiques que nous avons déjà cités,
mais il est devenu l'un des rédacteurs des *Annales de législation*, de la *Revue étrangère et française* sur le même sujet,

de la *Revue Rétrospective,* du journal anglais *the Jurist,* du recueil allemand qui a pour titre *Kritische Zeitschrift für Rechtswissenschaft ,* de l'*Encyclopédie des gens du monde,* etc. Sachant très - bien l'anglais, comme nous avons déjà eu l'occasion de le faire observer, il a traduit de cette langue le rapport de Livingston, sur un *projet de code pénal,* fait à l'assemblée générale de la Louisiane, et les observations de Mill sur les *conditions nécessaires à la perfection d'un code pénal.* D'un autre côté il faut savoir gré à Taillandier d'avoir publié *in extenso* dans un livre devenu très-rare l'arrêt de condamnation du malheureux imprimeur Dolet, lequel sous le règne d'un monarque que l'histoire continue à appeler le père des lettres, fut par sentence du Parlement de Paris, en date du 2 août 1546, condamné à être pendu et brulé sur la place Maubert.

Presque au même moment Taillandier publiait l'*analyse d'une leçon de Daunou sur le droit Papinien,* professée au Collége de France dans le cours d'histoire ancienne dont il était chargé. Comme nous le verrons bientôt, notre confrère, nommé exécuteur testamentaire du savant professeur, reçut de lui au lit de mort l'importante mission de publier toutes les leçons du même cours commencé au mois d'avril 1819, telles qu'elles avaient été prononcées, et il s'est conformé scrupuleusement à la volonté dernière de son illustre ami ; en cela je ne crains pas de dire qu'il a rendu service aux sciences historiques.

Quel que soit le jugement qu'on doive porter sur la valeur de Daunou comme historien, M. Guizot n'a point hésité à dire tout récemment que malgré ses erreurs passionnées, il avait fait faire à la liberté et à l'étendue d'esprit dans l'histoire de notables progrès.

Notre confrère, Messieurs, est également l'auteur d'un très-grand nombre de notices biographiques publiées à quelques années de distance sous le règne de Louis-Philippe, parmi lesquelles nous vous demanderons la permission de citer dès à présent celles qui concernent *Agier, Biennais,* l'orfèvre de Napoléon Ier, qui n'a pas fait oublier *Balin,*

Dom Brial, Cotelle, Duchesne, Erskine, Haubold, Hennequin, Henrion de Pansey, Henrion de Saint-Amand, Jourdan, Lambrecht, Livingston, Millelot. Pendant que Taillandier se livrait aux nombreuses recherches nécessitées par les biographies dont nous venons de parler, et à d'autres travaux d'une importance plus grande et sur lesquels nous nous proposons de revenir un peu plus loin, il continuait de siéger à la Cour royale et plus tard à la Cour de cassation comme attaché à la Chambre des requêtes. Nous n'avons pas à nous prononcer sur le mérite de Taillandier comme magistrat, M. l'avocat général Bédarides, dans le discours qu'il a prononcé en 1867 devant la Cour de cassation à l'occasion de la rentrée, s'exprime ainsi : *Monsieur Taillandier avait les qualités qui font estimer le magistrat et aimer l'homme privé; il remplit les devoirs de sa fonction, dans cette Chambre où les forces peuvent s'épuiser, mais non les dévouements, avec un zèle et une ponctualité qui ne se démentirent jamais.*

En mentionnant un peu plus haut des biographies dues à la plume de Taillandier, j'ai passé avec intention sous silence toutes celles qui méritaient d'être particulièrement signalées à votre attention. Notre confrère en effet a consacré deux ouvrages de longue haleine à célébrer la mémoire de deux hommes qui, ayant vécu à des époques très-éloignées l'une de l'autre, puisque le premier est le chancelier de L'Hôpital, et le second Daunou, ont traversé des temps orageux et certes bien différents, dont ils sont sortis l'un et l'autre avec une réputation sans tache, malgré quelques erreurs, après s'être trouvés mêlés aux factions qui déchiraient la France, factions auxquelles ils n'avaient ménagé ni les plus sages conseils, ni les plus nobles exemples.

Chargé par MM. Didot de l'article Michel de L'Hôpital, de la nouvelle biographie générale à laquelle il avait déjà fourni quelques autres notices biographiques, Taillandier fut tenté d'écrire une vie détaillée du sage conseiller de Catherine de Médicis et de son fils, et pour ne pas tomber dans l'erreur commune à tous ses prédécesseurs, à de Thou, à Brantome, à l'évêque de Pouilly, à Ambert, à Condorcet, qui ont trop souvent affublé leur héros du costume en usage à l'époque à laquelle ils ont eux-mêmes appartenu, notre confrère a mis à profit des documents précieux que ceux-ci avaient négligés ou ignorés; mais néanmoins Taillandier, venu après tant d'autres, ne nous apprend rien de neuf, rien que nous ne sussions déjà; les œuvres de M. de L'Hôpital qu'il a données à la suite de sa biographie sont incomplètes et cette biographie est insuffisante, mais elle pourra néanmoins être consultée avec utilité par les personnes qui seraient tentées d'étudier de nouveau cette grande et imposante figure historique.

Il se montre sous un jour plus favorable dans les *documents biographiques sur Daunou,* c'est le titre modeste que notre confrère a cru devoir donner à un livre qui méritait assurément les deux éditions qu'il a eues. L'ancien garde général des Archives du royaume a multiplié en faveur de Taillandier jusque dans les derniers moments de sa vie les preuves nombreuses de sa confiance et de son affection, non content de confier à Taillandier les mémoires qu'il avait rédigés pour servir à l'histoire de la convention nationale et qu'il a laissés inachevés malheureusement, Daunou lui a communiqué une correspondance du plus haut intérêt avec Lareveillère Lepeau, membre du directoire, échangée pendant la mission difficile que Daunou avait eue à remplir à Rome.

Daunou a été loué comme il méritait de l'être par MM. Walckenaer, Mignet, Leclerc, Guérard. En lisant l'ouvrage de Taillandier, il est facile de comprendre quel intérêt puissant s'attache aux documents biographiques mis en ordre par notre confrère, auxquels je me permets d'emprunter quelques faits très-curieux en eux-mêmes et d'ailleurs dans un rapport étroit avec l'objet de nos études habituelles. Daunou avait été envoyé à Rome pour y porter une constitution toute faite, et que lui-même avait rédigée sur le modèle de la constitution française et qu'il s'agissait de faire accepter aux Romains, en outre il avait reçu la recommandation expresse de faire main basse sur toutes les collections archéologiques de la ville éternelle; qui le croirait, si nous n'avions sous les yeux les lettres de Daunou, il était chargé plus particulièrement de faire emballer soigneusement la colonne Trajane et de l'expédier à Paris par les voies du roulage.

Si ma tâche est loin d'être terminée, elle sera du moins facilitée par le désir que j'éprouve de vous entretenir maintenant de Taillandier, comme membre de la Société des Antiquaires à laquelle il a appartenu pendant plus de 40 ans, et à laquelle il a fait de nombreuses communications, car il avait pris longtemps une part active à ses travaux.

Notre confrère a lui-même payé un tribut d'éloges mérités à la mémoire d'un assez grand nombre de ses confrères, parmi lesquels nous nous faisons un devoir de citer *Lebreton, Touret, Berriat Saint-Prix;* il avait été l'élève de ce dernier avant de devenir son confrère, on s'en aperçoit en lisant les pages qu'il a consacrées à retracer la vie du vieux professeur de droit criminel à l'école de droit de Paris, qu'il a semée d'anecdotes piquantes et peu connues pour la rendre plus agréable au lecteur. L'éloge de *Dulaure* que nous devons également à notre confrère, mérite aussi de vous être signalé, parce que Taillandier en appréciant, comme il convenait de le faire, le mérite d'un confrère dont il était l'ami et qui comme lui avait siégé dans les assemblées publiques de son pays, n'a pas cru devoir dissimuler que si Dulaure, écrivain partial et systématiquement détracteur du passé, avait eu raison de flétrir dans ses ouvrages les crimes des hommes puissants et redoutés, il avait commis une faute grave, surtout pour un antiquaire qui doit aimer la vérité avant tout en ne plaçant pas plus souvent en regard de ces crimes les belles actions qui avaient par une juste compensation consolé l'humanité de tout ce qu'elle avait eu à souffrir dans des temps éloignés de nous et qualifiés à tort de siècles d'ignorance et de barbarie.

Le même reproche ne pourra jamais être fait aux écrits si nombreux et si variés de Taillandier qu'il serait trop long au surplus de vous faire connaître en totalité; nous nous bornerons à vous signaler les plus importants, dans la crainte de fatiguer votre attention, sollicitée cependant par la variété même des sujets dont j'aurai à vous entretenir. Au moins ici si je vous entraîne avec moi ce sera sur le terrain plus circonscrit de l'archéologie que notre confrère n'a cessé de cultiver avec zèle dans les heures de loisir que ses fonctions publiques lui laissaient.

Dans le compte-rendu des travaux de la Société des Antiquaires pendant l'année 1830 (voy. volume IX, page LXXX des mémoires de la Société des Antiquaires), Taillandier a constaté un fait assez singulier et heureusement assez rare arrivé dans le cours de cette année mémorable et qui méritait d'être rappelé ; les courageux citoyens, nous laissons, messieurs, la parole à Taillandier, qui s'étaient emparés de l'Hôtel-de-Ville, ayant été obligés de se défendre, employèrent à bourrer leurs fusils le rapport d'une commission que notre compagnie avait chargé de lui faire connaître ce qu'elle pensait d'un manuscrit de la Bible possédé alors par M. Speyer Passavant, et qu'il prétendait avoir été offert à Charlemagne. Les conclusions de cette commission sont devenues, messieurs, un projectile de guerre et celle-ci s'est tenue pour satisfaite d'un résultat qu'elle ne cherchait certes pas ; *habent sua fata libelli.*

La première dissertation que Taillandier ait publiée dans le recueil de nos mémoires (vol. IX, p. 81) offre un assez grand intérêt, elle traite de *l'état de la législation française* sous la première race. Notre confrère, ayant fait une étude approfondie des principaux ouvrages modernes relatifs à cette ancienne législation, a obtenu le résultat qu'il ambitionnait, celui de démontrer que le droit coutumier français remontait à une très-haute antiquité. S'appuyant avec raison sur les témoignages des écrivains venus avant lui, lorsque leurs opinions lui paraissent fondées, notre confrère n'hésite pas à les combattre, lorsque rien ne les justifie. C'est ainsi qu'il a cru devoir réfuter M. Guizot, qui avait soutenu qu'il fallait entendre par municipe une ville admise à jouir de tous les droits de la cité romaine, et dont l'incorporation politique avait été complète, ce qui peut passer pour une erreur, puisqu'une ville pouvait devenir municipe, sans avoir le *jus suffragii,* c'est-à-dire le droit de voter dans les armées de Rome, ou le *jus honorum*, c'est-à-dire le droit de prétendre à toutes les charges publiques. Notre confrère a combattu le même historien qui ne fait intervenir dans les assemblées des Germains où étaient débattues toutes les affaires importantes de la nation que des hommes de guerre, tandis que ces assemblées étaient en réalité formées du peuple tout entier, *omnes Franci, cunctus populus*.

En 1834 Taillandier a publié dans les mêmes mémoires (volume X[e], p. 170) une dissertation sur les *institutions judiciaires du temps de saint Louis* au sujet desquelles il s'était déjà prononcé vingt ans auparavant, comme nous avons cru devoir le faire observer un peu plus haut. Notre confrère revendique pour Philippe le Bel l'établissement du parlement rendu sédentaire à Paris, et critique l'assimilation des fonctions des baillis avec celles du ministère public actuel, admise trop facilement par Beugnot.

Nous retrouvons le savant jurisconsulte dans le mémoire sur les *registres du parlement de Paris pendant le règne de Henri II,* inséré par Taillandier, dans le tome XVIe de notre recueil, p. 385. Au dire de notre confrère les jugements, qui appliquent les lois, nous font connaître avec quel esprit de violence ou de douceur elles ont été exécutées, en conséquence nous pouvons d'un seul coup-d'œil embrasser l'état des mœurs et des habitudes sociales à l'époque que nos recherches embrassent. Quel triste règne, messieurs, que celui d'un prince auquel il est permis de faire remonter jusqu'à un certain point la responsabilité des cruautés commises contre les partisans de la réforme, ce qui n'a pas empêché celle-ci de survivre à ceux qui en persécutaient aveuglement les adeptes.

Vous savez, messieurs, qu'à l'occasion du pamphlet lancé à la tête d'un Guise, sous le titre d'*Epistre au tigre de la France,* et dont le seul exemplaire connu a été récemment acquis par la ville de Paris au prix de 1,400 fr.; un homme très-surfait de son temps, qui s'amusait quelquefois à se moquer des autres, Nodier, entreprit de prouver que la presse n'avait jamais été et qu'elle ne serait jamais plus libre en France qu'elle ne le fut sous le règne de Louis XIV. Nodier a été réfuté complètement par un membre de la Société des Antiquaires dans la dissertation de l'*Etat réel de la presse et des pamphlets depuis François Ier jusqu'à Louis XIV*. Taillandier, de son côté, a montré que Nodier ne savait pas même le nom de l'imprimeur du pamphlet du tigre, qu'il écrit, en effet, *Martin L'hommet*, et qui doit être écrit *Martin L'homme*.

Il était réservé, messieurs, aux progrès lents, mais constants, d'un art de récente origine, dont les productions les plus admirables ont été si longtemps combattues, de triompher des rigueurs et même des cruautés exercées sur la personne des écrivains. Le recueil de nos mémoires (vol. XIIIe, p. 346) contient un résumé historique de l'*Introduction de l'imprimerie à Paris*, dû à la plume de Taillandier, qui ne s'éloigne pas de l'opinion généralement adoptée par les écrivains antérieurs à lui, et notamment par Daunou dans son analyse des opinions diverses sur les commencements de cet art merveilleux, lequel avait trouvé un berceau dans le sein d'une société avec laquelle il ne devait pas tarder à être en guerre.

Et puisque l'occasion s'est offerte en quelque sorte d'elle-même, je crois utile de faire observer que deux de nos anciens confrères ont tous les deux contribué à jeter des lumières nouvelles sur la question si controversée de l'époque précise de l'invention de l'impression à types mobiles, du lieu de sa naissance et des auteurs d'un art qui a eu dans le passé et qui doit avoir dans l'avenir une influence si grande sur la marche de la civilisation. Le premier, qui nous a été enlevé prématurément, mais que ses camarades et ses confrères n'ont point oublié à cause de la douceur et de la sûreté de son commerce, Guichard, et le second, que nous venons de perdre et que de cruelles et longues infirmités avaient tenu longtemps éloigné de nos séances auxquelles il avait l'habitude d'assister régulièrement, j'ai nommé M. A. Bernard. L'un, dans une dissertation sur le *Speculum humanœ salvationis*, qui a été publiée en 1840, depuis le résumé de Taillandier, s'est prononcé en faveur de l'opi-

nion émise par celui-ci, mais l'autre, au contraire, l'a combattue et, à notre avis, avec des arguments puissants sinon
irrésistibles, dans son ouvrage sur l'*origine de l'imprimerie*,
qui doit assurer la conservation de sa mémoire parmi les
érudits.

Dans le même mémoire Taillandier a soulevé la question de savoir à combien d'exemplaires les éditions du
xve siècle et du xvie siècles étaient tirées, mais pour arriver
à un calcul approximatif il est indispensable de distinguer
entre les livres imprimés avant l'année 1500 et ceux qui
l'ont été depuis, parce qu'assurément les éditions du
xve siècle n'ont pas eu un débit aussi considérable que celles
du siècle suivant. Taillandier a parlé successivement de la
qualité du papier et du parchemin employés simultanément
à la confection des livres sortis des plus habiles imprime-
ries de Paris, de la reliure, des emblèmes et des devises
des imprimeurs et libraires, qui étaient souvent l'un et
l'autre, et il a terminé son mémoire par l'examen des rapports de l'imprimerie avec la puissance publique pendant
les règnes de Louis XI, de Charles VIII, de Louis XII et de
François Ier.

Infatigable dans ses recherches, le tome XI de nos mémoires, p. 374, contient de lui une notice très-curieuse *sur
les registres manuscrits du parlement de Paris,* dont il possédait lui-même une copie que Dulaure lui avait cédée, allant
de l'année 1364 au mois de novembre 1764, dont les volumes
portaient les armes de la famille Phélippeaux et qui vient
d'être vendue, avec la bibliothèque de notre confrère,
laquelle renfermait un assez grand nombre de livres
curieux. Sans doute ce qu'a dit Taillandier des registres du
parlement de Paris, n'a plus aujourd'hui l'intérêt que cela
pouvait offrir en 1835; en effet, depuis cette époque, plusieurs ouvrages beaucoup plus complets et traitant du même
sujet ont vu le jour; Beugnot a publié les *olim* ou registres des arrêts rendus par la cour du royaume sous les
règnes de plusieurs princes, M. Blot a soutenu une thèse
sur l'authenticité et le caractère officiel de ces mêmes registres; Klimrath a traité le même sujet avec son érudition

habituelle; notre confrère, M. E. Boutaric a publié les actes du parlement, précédés d'une notice par A. Grün, sur les archives du même corps, et suivis d'un appendice contenant *un essai de restitution d'un volume des Olim* perdu depuis le xvie siècle, par notre confrère M. Delisle; d'autres publications annoncées depuis longtemps compléteront cette collection.

Le mérite de Taillandier a été cette fois encore d'appeler l'attention des érudits sur cette vaste collection qui fort heureusement pour elle et pour nous a quitté la Sainte-Chapelle pour les Archives du royaume, et en même temps de montrer que les Anglais n'avaient jamais songé à emporter avec eux en 1436 les registres des arrêts rendus par le parlement de Paris pendant leur présence dans cette ville. D'un autre côté, un des confrères de Taillandier, le savant Depping, a réalisé le vœu que celui-ci avait formé de voir publier le *Livre Blanc* ou *Livre des Métiers,* d'Etienne Boyleve ou Boileau, lequel contient, comme vous le savez, les ordonnances de la police de Paris, les anciens statuts de tous les corps et métiers de la même ville, les tarifs de tous les droits qui s'y levaient sur toutes les denrées et marchandises. C'est une nouvelle et incontestable preuve de l'esprit sagace et judicieux de Taillandier et dont il a donné maintes fois des preuves dans sa longue carrière et que je vous demande la permission de vous signaler aussi succinctement que possible.

Le tome XIe de nos mémoires, p. 268, que nous avons déjà cité, renferme de notre confrère une notice *sur l'ancienne collégiale de Champeaux,* département de Seine-et-Marne, qui paraît remonter au xiie siècle. Notre confrère y signale l'existence de plusieurs tableaux remarquables conservés dans cet édifice et notamment d'une peinture qu'il attribue sans hésiter à l'école de Cimabué ou du Giotto. Ce tableau, peint sur toile, représente la Mort de la Vierge, mais malheureusement notre confrère ne nous a pas fait connaître les motifs sur lesquels il se fonde pour une attribution pareille, il est donc permis de la révoquer en doute et en même temps de ne pas ajouter foi à ce qu'il dit des figures grotesques du chœur de la même église dans lesquelles il n'hésite pas à voir des emblèmes symboliques, parce que, suivant lui, des hommes pieux, tels que Guillaume de Champeau, saint Bernard, Othon de Frisingue, n'auraient jamais souffert que des artistes, leurs contemporains, eussent placé dans un lieu saint des figures telles que la truie qui file, la folie et autres semblables, si ces figures n'eussent caché sous des formes impudiques ou ridicules, un sens profond et religieux. Ne sommes-nous pas trop souvent enclins à penser que les artistes du moyen-âge ne jouissaient d'aucune espèce de liberté, en attribuant aux combinaisons réfléchies de la raison les caprices d'une imagination dévergondée et jusqu'à un certain point de la grossièreté des mœurs.

En 1840 Taillandier a fait comprendre dans le même volume XV, p. 360, une note concernant la même église, dont la restauration avait été proposée au ministre de l'intérieur; cette note ajoute quelques détails intéressants à ceux que le mémoire primitif contenait déjà, mais elle constate en même temps un fait regrettable, celui de la perte ou de la disparution du tableau dont nous venons de parler.

Ce que nous disions tout à l'heure à propos de la facilité avec laquelle Taillandier admettait en matière d'art l'opinion généralement reçue, sans en discuter suffisamment la valeur, trouve son application dans le mémoire inséré par lui dans le tome XVIIe de notre recueil, p. 169, où il décrit un *tableau attribué à Jean Van Eick, dit Jean de Bruges*. Avant la révolution de 1789 ce tableau se trouvait placé dans la grande chambre du parlement de Paris et après avoir fait partie quelque temps du musée du Louvre sous le premier empire, dont les livrets l'attribuaient à Albert Dürer, il a été rétabli en 1811 à la place qu'il occupe aujourd'hui, dans la salle de la première chambre de la Cour impériale, où sans doute il ne restera pas toujours. Cette peinture, qui n'est pas sans mérite, offre un intérêt particulier pour les Parisiens, parce qu'elle paraît représenter au dernier plan et sur la droite du Christ, figure principale de la composition, les deux rives de la Seine, entre l'hôtel

de Nesle et le Louvre, mais le style seul aurait dû montrer
à Taillandier que J. Van Eyck ne pouvait en être l'auteur,
et vous savez, messieurs, que les recherches de notre savant
confrère, M. Boutaric, insérées dans le bulletin de la Société des antiquaires du 2 mars de l'année 1864, ont achevé
de trouver qu'elle a dû être exécutée depuis la mort de cet
artiste célèbre arrivée en 1450.

Taillandier était trop facilement disposé à donner aux
plus illustres peintres des tableaux qui ne sont jamais sortis
de leurs mains ; c'est ainsi qu'il n'a pas hésité à attribuer à
Albert Durer le tableau très-médiocre qui se voit à Paris
dans l'église de Saint-Gervais, ou plutôt qu'on pourrait y
voir s'il était exposé dans un meilleur jour.

Notre confrère ne manquait jamais de communiquer à
notre compagnie les mémoires qu'il se proposait de publier
soit séparément, soit dans quelques recueils périodiques,
dans le but évident de profiter des observations judicieuses
de ses confrères et en même temps de leur témoigner que
lorsque ses occupations ne lui permettaient pas d'assister
régulièrement à leurs réunions il désirait néanmoins entretenir avec eux des rapports de confraternité. Ainsi, en 1833,
il lut devant eux une notice sur *les confrères de la Passion*,
qu'il a fait insérer depuis dans le tome IV, p. 336 de la
Revue rétrospective. Les détails les plus piquants de cette
notice ont été en grande partie empruntés à l'histoire du
théâtre français par les frères Parfait, cependant Taillandier peut revendiquer à bon droit le compte-rendu du singulier procès soutenu par le noble homme Nicolas Jobert,
sieur d'Angoulevent, valet de chambre du roi, prince des
Sots, et premier chef de la Sottie, en l'Isle de France et hotel
de Bourgogne, contre les confrères de la Passion, ledit
Angoulevent appelant d'une sentence du prévôt de Paris
qui l'avait condamné à faire entrée sotte, en cette ville, le
premier jour de may 1605, faute de quoi il serait rayé du
registre et matricule authentique des sots, privé des honneurs, droits et privilèges imaginaires par lui défendus ; avec
deffenses à toutes personnes de le recognoistre et de luy
porter aucun honneur, respect ni révérence en la dicte

qualité, en la quelle les portes de l'hotel de Bourgogne lui seraient fermées, sa loge donnée à un successeur plus capable, ses armes abattues d'icelles, ses chancelier, advocats et conseil payés sur l'estat de ses gaiges, et deffenses à eux de se qualifier à l'advenir ses officiers, ny se servir de marottes et chapperons qui leur ont été par luy baillé. Cette singulière sentence de François Miron, prévôt des marchands, fut réformée, après une longue procédure, par un arrêt du parlement du 19 juillet 1608 qui maintint Nicolas Jobert dans sa possession et jouissance de sa principauté des sots, quoique son avocat dans sa défense, n'eut pas craint de dire de lui que c'était une citrouille éventée.

En 1846, Taillandier communiqua à notre Société une notice historique *sur les anciens registres de l'état civil à Paris,* qui a été insérée depuis dans l'annuaire de l'année 1847, de la Société de l'histoire de France à laquelle il appartenait depuis sa fondation, et pour laquelle il a publié notamment de concert avec Monmerqué, les *mémoires inédits de Nicolas de Brichanteau, marquis de Beauvais-Nangis,* mort maréchal de France. Dans la notice en question notre confrère, suivant son usage, émet le vœu qu'un antiquaire zélé entreprenne un travail plus complet sur la même matière au moyen du dépouillement des plus anciens registres de l'état civil de toute la France, car ce n'est pas à Paris que des registres semblables ont commencé à être tenus. Un de nos anciens confrères, Berriat Saint-Prix, a publié, comme tout le monde le sait, dans le recueil de nos mémoires de curieuses *recherches sur la législation et la tenue des actes de l'état civil,* et il serait bien à désirer que l'administration municipale de la capitale de la France acceptât la proposition que l'un de nous lui a faite récemment de faire imprimer dans l'histoire générale de Paris qu'elle se propose de publier un dépouillement semblable.

Quelques années plus tard Taillandier lisait au lieu ordinaire de nos séances, l'*histoire du château et du bourg de Blandy en Brie,* de ce vieux château aujourd'hui en ruines, qui a reçu tour à tour dans ses murs Louis VIII et Henri IV, Philippe le Bon, duc de Bourgogne, les comtes de Tancarville, les Harcourt et presque tous les princes de la maison d'Orléans-Longueville ; plus tard, quelques princes de la maison de Savoie, et en dernier lieu les deux princes de Condé. Taillandier habitait une maison de campagne en face du vieux château, non loin de la collégiale de Champeaux qu'il a décrite dans nos mémoires et après s'être longtemps demandé quels événements avaient pu se passer derrière les murailles lézardées qu'il avait journellement sous les yeux, il résolut d'en écrire l'histoire. Pour le faire convenablement il eut recours aux lumières de ses amis, à Guérard, à MM. Natalis de Wailly et L. Delisle, et puisa dans la bibliothèque de l'aimable et judicieux confrère que nous venons de perdre, E. Gresy, qui avait réuni un très-grand nombre de livres concernant le département de Seine-et-Marne, les documents dont il pouvait avoir besoin. Taillandier a divisé l'histoire de la construction du vieux château en quatre époques différentes, la première contient la description du château tel qu'il existait avant les fortifications élevées dans la seconde moitié du xive siècle, la seconde est relative au château fortifié par Jean II et Guillaume IV, comtes de Tancarville et vicomtes de Melun de 1371 à 1388, la troisième décrit le château remanié et transformé en habitation plus moderne, la quatrième et dernière offre enfin à nos yeux le triste spectacle du château démantelé et converti en ferme au commencement du xviiie siècle par son illustre propriétaire d'alors, le maréchal de Villars. De nos jours l'antique manoir de tant d'illustres et puissants maîtres ne forme plus qu'un amas de ruines imposantes, mais néanmoins la vieille forteresse féodale restera longtemps encore debout quoique mutilée, et le livre de Taillandier à la main, livre orné de plans et de figures, le touriste peut avec plus de facilité s'orienter sur l'emplacement du château de Blandy, bourg de la Brie française, situé à onze kilomètres de Melun, et qui a donné le jour à Daniel Gittard. Cet architecte du temps de Louis XIV, a participé à la construction de l'église Saint-Sulpice et avait été chargé par le surintendant Foucquet de fortifier le château de Belle-Ile, ce qui fut imputé à crime à celui-ci, dans le fameux procès qui se termina par la condamnation du célèbre surintendant. Taillandier, messieurs, s'était associé à notre confrère Gresy, pour publier dans les mémoires de la Société archéologique de Seine-et-Marne, une notice sur cet architecte complétement oublié aujourd'hui, mais qui de son vivant paraît avoir joui d'une assez grande renommée.

La dernière communication que notre confrère nous a faite consiste en une courte notice sur les Bernardines d'Arques, modeste abbaye fondée assez tardivement dans la fraîche vallée qui conduit aux ruines pittoresques du vieux château de ce nom, et dont le plan figure dans notre recueil, vol. XIII*, p. 408. Devenu propriétaire de cette abbaye supprimée en 1789, et qu'il habitait chaque année, notre confrère a été amené tout naturellement à entendre parler des pieuses filles auxquelles elle appartenait et qui depuis sa suppression avaient continué à instruire quelques jeunes filles du pays. Le cœur de l'homme conserve plus longtemps qu'on ne serait tenté de le croire ce que ses yeux ne peuvent plus apercevoir, et la magie du souvenir ajoute souvent un prestige considérable à des ruines qui par elles-mêmes n'offrent qu'un intérêt assez médiocre. Peut-être, messieurs, eussé-je passé sous silence l'un des derniers et des moins importants travaux de M. Taillandier, mais Arques est pour l'auteur de ces lignes un de ces noms qui a le privilége de réveiller en lui de précieux et grands souvenirs. C'est à Arques qu'est né, en effet, en 1778, le savant illustre qui a pris soin de mon enfance, et dont les bienfaits, les encouragements et les conseils ont soutenu et dirigé ma jeunesse, celui dont le secrétaire perpétuel de l'Académie des sciences a pu dire avec vérité : *Pour le plus jeune de ses amis le critique sévère, le penseur profond, ne pouvait dissimuler toute sa tendresse. En retour d'une affection si vraie, un dévouement sans bornes consacre aujourd'hui à cette mémoire illustre les soins pieux du culte filial.*

Certes, entre Taillandier et M. de Blainville, il n'y avait de commun que le même amour des libertés publiques et de la grandeur de la France, le même zèle pour le bien général, la même fidélité aux opinions politiques de leur jeunesse, quoiqu'ils fussent rangés sous des bannières bien différentes, le même dévouement à de vieilles amitiés, et le même goût des études sérieuses, sociales, politiques, archéologiques. Si l'un d'eux, celui qui le premier est descendu dans la tombe, auteur d'un ouvrage considérable, justement estimé, qu'il publiait à ses frais et qu'il se voyait obligé d'interrompre, à son grand regret, a pu dire tristement : *Nous n'avons plus et nous ne pouvons plus avoir de ces grands rois, et par conséquent de ces grands ministres qui pour ainsi dire d'instinct et presque spontanément pour la gloire seule de la France puissent, comme Louis XIV et Colbert, se porter de nature à donner et même à offrir les encouragements nécessaires, indispensables aux œuvres des sciences et surtout des sciences naturelles les plus dispendieuses !........* L'autre a exprimé des sentiments à peu près semblables dans les lignes suivantes :

Une triste réflexion s'est emparée de moi à la suite de la visite de l'abbaye de Champeaux, c'est de voir l'abandon dans lequel sont tombés la plupart des anciens monuments de notre pays, c'est de penser que bien des richesses sont enfouies encore dans les ruines des cloîtres, et que l'ignorance de la multitude, l'incurie de ceux qui par position devraient apprendre la valeur de ces objets, en amènent chaque jour la destruction et rompent ainsi la chaîne qui unit notre société à celle de nos ancêtres.

Dans ces lignes que je me suis permis de vous rappeler, Taillandier, messieurs, parlait de la société tout entière, il opposait les hommes d'aujourd'hui à ceux d'autrefois en montrant que chaque jour semble briser les liens qui devraient les unir ; notre compagnie, au contraire, celle dans laquelle Taillandier a siégé si longtemps, en portant ses regards vers le passé, apprend à ceux qui ne l'ont jamais su, comme à ceux qui seraient tentés de l'oublier, que ce passé a eu des jours glorieux et qu'il est loin de mériter le dédain avec lequel il est traité par la plupart de nos contemporains.

Si nous comparons, en effet, la carrière de l'homme le

plus illustre de nos jours, eût-elle brillé d'un éclat incomparable durant un siècle, à la vie de l'humanité tout entière, qui se compose de milliers d'existence dont beaucoup ont été remarquables, la gloire du premier s'abîme et disparaît tout entière au milieu des lumières éclatantes, des magnificences inouïes des siècles écoulés, des peuples dont les noms seuls existent maintenant, des hommes de génie dont les œuvres ont cependant survécu à l'action du temps. Et si nous sommes les véritables héritiers de ce passé que nous glorifions, comment ne pas nous étonner du nombre restreint de ceux qui, à l'exemple de nos devanciers, consacrent leurs moments de loisir au culte d'une science aimable et douce, l'archéologie, puisqu'il faut la nommer, à laquelle on est souvent redevable des moments les plus heureux de son existence, qui avait été sans contredit la compagne fidèle de l'existence du confrère dont je viens de retracer très-imparfaitement la vie.

EXTRAIT

DES

PROCÈS-VERBAUX DES SÉANCES

Du premier trimestre de 1869.

Séance du 6 Janvier.

Présidence de MM. CHABOUILLET et DE GUILHERMY.

M. Chabouillet, président sortant, prononce le discours suivant :

« Messieurs,

» Au moment de quitter la place d'honneur où m'a fait asseoir votre extrême bienveillance, et dont votre concours m'a rendu les fonctions si faciles et si agréables, j'aurais été heureux de n'avoir qu'à vous exprimer ma sincère gratitude et à vous entretenir de l'état de vos affaires. Malheureusement, il n'en peut être ainsi; vous ne le savez que trop, en 1868 nous avons payé à la destinée humaine un tribut exceptionnellement cruel. Comme en 1867, pendant l'année qui vient de finir, la Société a vu disparaître quatre de ses membres, et il me faut remplir, non sans une émotion que vous partagerez, le douloureux devoir de vous rappeler les noms que l'on n'inscrira plus sur cette liste où chacun de nous ne compte que des amis. Espérons que mon successeur aura la satisfaction de constater, comme il est arrivé aux heureux Présidents des cinq années 1861, 1862, 1863, 1864 et 1865, que nul d'entre nous n'aura été arraché aux siens, à la

compagnie, à l'étude. Je dis à l'étude; c'est en effet à leur
table de travail que sont généralement surpris les hommes
qui se sont voués à la carrière de l'érudition, et c'est ce qui
s'est présenté pour les confrères que nous regrettons. Je
n'exagère pas; en toute vérité, l'on peut dire que la mort a
seule pu leur faire tomber la plume des mains. Celui-là même
d'entre eux que son âge aurait pu convier au repos, écrivait
encore un savant mémoire à la veille du jour fatal. Mais ce
n'est pas de M. Vincent que je dois vous parler d'abord; ce
n'est pas lui qui nous a quittés le premier; c'est un homme
encore dans la force de l'âge, c'est M. Auguste Vallet de
Viriville.

» Enlevé au commencement de l'année 1868 par une courte
maladie, M. Vallet de Viriville, fut aussi, jusqu'au dernier
jour, un adorateur fervent de la science. Du moins, et ce sera
la consolation de sa famille, le culte qu'il avait voué aux
muses sévères n'aura pas été stérile. En contribuant au progrès des études historiques, M. Vallet de Viriville a conquis
une légitime renommée.

» Son Charles VII restera. On n'écrira plus sur ce règne qui
tient une si grande place dans l'histoire de la nationalité
française, sans repasser par les sentiers qu'a frayés avec tant
de conscience et de sagacité l'érudition de notre confrère.
Accueilli par la faveur du public, consacré par l'éclatante
approbation de l'Institut qui lui a décerné le grand prix Gobert,
c'est-à-dire la plus haute des récompenses académiques, ce
livre perpétuera le nom de M. Vallet de Viriville. D'ailleurs,
pour ne pas parler d'une foule de dissertations généralement
relatives au XV⁰ siècle dont notre confrère avait fait son
domaine, ses travaux sur Jeanne d'Arc auraient suffi à l'em-
pêcher de périr tout entier. Pourquoi n'a-t-il pas assez vécu
pour en faire un livre? C'eût été le corollaire naturel de son
Histoire de Charles VII, le pendant du monument élevé naguère à l'héroïne de la France par un autre de nos confrères,
et la Société des Antiquaires aurait une seconde fois montré
que dans son sein l'amour du pays marche de front avec celui
de la science.

» L'heure longtemps attendue de la justice venait enfin de
sonner pour les professeurs de l'École des Chartes. M. Vallet

de Viriville allait jouir du bénéfice d'une mesure réparatrice,
lorsque la mort est venue l'enlever, avant le temps, à une
famille déjà cruellement éprouvée. L'affluence qui le suivit
à sa dernière demeure a éloquemment témoigné de la sympathie qu'il s'était acquise par la droiture et la bonté de son
caractère. Dans la Société qui le posséda pendant près de
quinze années et aux intérêts de laquelle il portait une affection presque inquiète, un bon souvenir s'attachera à la
mémoire de M. Vallet de Viriville.

» Il en sera de même à l'égard de M. Auguste BERNARD. Bien
que je n'aie jamais rencontré notre confrère à nos séances
d'où le tenait éloigné depuis plusieurs années la maladie qui
l'emporta, je n'ignore pas qu'il était sérieusement affectionné
à la compagnie dont il fit partie pendant un quart de siècle
et dont il était devenu membre honoraire depuis 1856. M. Bernard ne nous a-t-il pas donné une preuve touchante de son
zèle, en nous envoyant de son lit de douleur, l'année même
de sa mort, un mémoire dont il n'aura pas vu l'impression ?

» Ainsi que plusieurs des travaux dus à sa plume, ce mémoire
se rattache à l'histoire de l'Imprimerie; mais ce n'est pas
seulement dans cet ordre d'études spéciales que s'est distingué
notre confrère. Les origines de son pays natal le préoccupaient
au moins autant que celles de l'Imprimerie et dans le champ
de l'archéologie nationale, il a fait des conquêtes qui ne furent
pas sans retentissement. Après avoir commencé sa réputation
par son livre sur les d'Urfé, il la soutint par des travaux
répétés, et dès 1847, dans un mémoire publié par la *Revue
archéologique*, il montrait que l'autel de Rome et d'Auguste,
si souvent représenté sur les médailles d'Auguste et de
Tibère, de la colonie de Lyon, ne s'élevait pas à Ainay, comme
on le croyait généralement, mais aux Terreaux, dans le voisinage de l'Église Saint-Pierre et de l'Hôtel-de-Ville. Vivement
combattue d'abord, vous le savez, l'opinion de M. Bernard a
fini par prévaloir. Esprit curieux, écrivain fécond, notre confrère a encore émis ou propagé bien d'autres idées neuves,
notamment dans une intéressante dissertation *Sur les origines
du Lyonnais*, publiée d'abord dans nos mémoires, et qui, de-
venue un livre sous le titre de *Description du pays des Ségusiaves,*
reçut la sanction de l'Institut qui lui décerna une médaille au

concours des Antiquités Nationales. On lui doit encore, entre autres importants travaux, les *Cartulaires* des *abbayes de Savigny et d'Ainay*, qui furent publiés dans la collection des *Documents inédits*; mais le rêve le plus cher de M. A. Bernard n'aura pas été complétement réalisé. Comme par une cruelle dérision du sort, la publication du *Recueil des Chartes de l'abbaye de Cluny*, si ardemment poursuivie par notre confrère, venait d'être décidée par le Ministre de l'Instruction publique; déjà on commençait l'impression de cet ouvrage dont la préparation avait usé ce qui lui restait de forces, lorsque la maladie a fini par abattre l'infatigable travailleur qu'elle minait depuis si longtemps. Heureusement, cet arrêt du destin ne fera rien perdre à la renommée de M. Bernard. Son nom figurera sur le titre du précieux *Cartulaire* formé par lui, avec quelle patience! Et la publication en sera suivie, sous la direction du Comité des Travaux Historiques, par un élève distingué de l'Ecole des Chartes, qui saura s'acquitter dignement de la tâche laissée si fatalement inachevée par notre confrère.

Ce n'est pas non plus parmi nous que j'aurais pu apprendre à apprécier personnellement M. Vincent. Depuis quelques années, la santé du savant académicien ne lui permettait plus d'assister à nos séances; mais j'ai eu l'honneur de siéger auprès de lui dans une autre enceinte, et j'ai pu savoir par moi-même que les qualités de son cœur égalaient celles de son esprit.

» Mathématicien archéologue, M. Vincent dut à ses découvertes sur la musique des anciens la place qu'il obtint au sein de l'Académie des Inscriptions et Belles-Lettres en 1850, huit ans après son entrée dans notre compagnie dont il devint membre honoraire en 1861. Parmi les nombreux travaux qu'on lui doit, je rappellerai comme un témoignage de l'étendue et de la profondeur de son érudition, le t. XVI du *Recueil des Notices et Extraits des Manuscrits*, publié par l'Académie des Inscriptions et Belles-Lettres. Ce volume est entièrement rempli par un travail de M. Vincent intitulé : *Notice sur plusieurs manuscrits grecs relatifs à la musique des anciens.* Je nommerai encore le travail intitulé : *Restitution et traduction du traité inédit de Héron d'Alexandrie*, qu'on trouvera dans le XIX* volume des *Notices et Extraits des Manuscrits*, et dans notre Recueil, un *Mé-*

moire sur quelques pierres gnostiques, puis un *Supplément* à ce mémoire, et enfin dans l'*Annuaire* de la Société pour 1851, une
Notice sur la vie et les travaux de Bottée de Toulmon.

» Bientôt, l'un de nous rendra à la mémoire de M. Vincent
le service qu'il a si dignement rendu à celle de son émule
dans les difficiles recherches qui furent la principale préoccu-
pation de sa carrière. Je ne m'étendrai donc pas davantage sur
son mérite que je serais incompétent à faire valoir, mais ceci
m'amènera, par une triste et trop naturelle transition, à
vous parler de M. Bourquelot, dont le nom ferme la longue
liste funèbre de l'année 1868.

» Comme M. Vallet de Viriville , mais autrement, M. Bourquelot avait conquis la sympathie générale et particulièrement
celle de ses confrères. C'est qu'avec des opinions très-arrêtées,
M. Bourquelot était le plus sociable des hommes. Modeste autant
que bienveillant, suivant toujours les inspirations d'une âme
élevée et les lumières d'un esprit judicieux, il donnait franchement son avis sur toutes choses, mais sans avoir jamais la prétention de l'imposer. Je ne craindrai pas de répéter un lieu
commun en disant que M. Bourquelot aimait la Société dont
il faisait partie depuis 1841. Ne l'avons-nous pas vu, surmon-
tant ses souffrances, s'acheminer lentement par cette grande
cour du Louvre et gravir péniblement tous les mercredis
notre interminable escalier.

» Qui pourrait oublier qu'il était encore ici moins de huit
jours avant sa mort, et qu'il prit une part active aux délibé-
rations de la séance du 9 décembre 1868, qui précéda celle du
16, tenue au sortir de ses funérailles. Avec quelle doulou-
reuse émotion n'avons-nous pas entendu son nom revenir
à plusieurs reprises dans la lecture du procès-verbal !

» M. Bourquelot a disparu si brusquement d'au milieu de
nous, qu'il semble qu'il va s'asseoir à sa place accoutumée,
qu'on croit encore l'entendre proposer ses doutes ou émettre
son opinion avec la courtoise fermeté qui lui conciliait jusqu'aux adversaires les plus décidés de sa manière de voir.

» Je laisse à l'un de ses anciens amis, à celui qui a promis
de nous donner la notice nécrologique de l'auteur de l'*Histoire
de Provins* le soin d'apprécier ses divers travaux. Je me conten-
terai de rappeler que le beau livre qu'il avait si modestement

intitulé : *Etudes sur les Foires de Champagne,* et qui est presque une histoire des institutions commerciales au moyen-âge, l'avait classé parmi les savants les plus distingués de notre temps. L'Institut avait deux fois proclamé la valeur de ce livre, en lui décernant une médaille et en lui donnant place dans le *Recueil des Mémoires des Savants étrangers à l'Académie.* Le nom de Félix Bourquelot est donc assuré contre l'oubli.

» Messieurs, s'il y a quelque triste douceur à parler de ceux que l'on ne doit plus revoir, il ne faut cependant pas oublier les intérêts de la Société qui ne meurt pas. Je vous entretiendrai donc un instant de vos affaires ; je le ferai avec plaisir, n'ayant que de bonnes nouvelles à vous en donner. L'argent est, dit-on, le nerf de la guerre ; c'est aussi celui des Sociétés archéologiques, auxquelles il en faudrait beaucoup pour faire de belles publications, aussi commence-rai-je par parler finances. Vous n'êtes pas devenus riches, Messieurs, mais vos modestes revenus sont bien administrés, et si vous chôisissez toujours pour les importantes fonctions de trésorier des confrères habiles et dévoués comme ceux qui les remplissent alternativement depuis plusieurs années [1], vous n'avez pas à craindre de vous appauvrir. Au point de vue de sa renommée, la Société ne périclite pas non plus ; tandis que de toutes parts on veut lui appartenir à titre d'associés correspondants, vous ne vous êtes recrutés que parmi des savants désignés à vos suffrages par d'excellents travaux.

» L'archéologie nationale, l'archéologie classique, la philologie et l'épigraphie grecque, déjà si bien représentées parmi vous, se sont vues renforcées par la nomination de savants déjà honorablement connus [2] qui ont remplacé dans la compagnie MM. Labat, Grésy et Vallet de Viriville. Après le sage discernement qui préside toujours à vos choix, ce qui fait et maintient le prestige des Sociétés savantes, ce qui doit être le principal objet des préoccupations de leurs membres, c'est la régularité et la fréquence dans les publications. On ne l'oublie pas dans votre Commission des Impressions qui a fait paraître en 1868 le XXXe volume de vos mémoires. Il ne

---

1. MM. de La Villegille et Bordier.
2. MM. Mabille, Perrot et Wescher.

m'appartient pas d'apprécier les travaux qui composent ce volume, mais je ne puis négliger de vous faire remarquer qu'on y trouve des preuves nouvelles du zèle qui anima jusqu'au bout deux des confrères que nous avons perdus. Dans ce tome XXX° une notice de M. Vallet de Viriville *sur les anneaux de Jeanne d'Arc*, précède un mémoire de M. Bourquelot *sur les inscriptions antiques de la ville d'Auxerre!*

Vous n'apprendrez pas sans satisfaction qu'en compulsant nos derniers volumes, on peut s'assurer qu'il y a progrès dans la périodicité de vos publications. Les volumes qui ne paraissaient qu'à de longs intervalles tendent à se rapprocher visiblement; ainsi le tome XXX° publié en 1868 sera certainement suivi en 1869 par le tome XXXI°. L'impression de ce nouveau volume dont on a tous les éléments serait même déjà fort avancée, si la Commission n'était pas arrêtée par la recherche de mesures propres à obtenir de l'imprimerie une correction plus parfaite que par le passé.

» Il est donc possible de publier un volume tous les ans. Efforçons-nous de prendre cette bonne habitude ; ce que la Société a déjà fait, ce qu'elle va faire en 1869, pourquoi ne le ferait-elle pas toujours désormais? Publions, Messieurs, publions le plus fréquemment possible! Publier, c'est la vie des Sociétés. Les revues font aujourd'hui à nos *Mémoires* une concurrence ignorée de nos prédécesseurs, concurrence profitable à la science dont il ne faut pas se plaindre, mais qui nous oblige à améliorer et à rapprocher autant que possible nos publications. Pour arriver à ce double résultat, il importe que vos affaires soient conduites avec une vigilance et une fermeté de plus en plus grandes. Ce ne sont pas ces qualités qui ont manqué aux membres du bureau et de vos commissions permanentes dont j'ai pu apprécier le zèle et le dévouement éclairés ; mais il faut le dire, quoique fassent vos officiers, le caractère passager de leurs fonctions ne leur permet pas de faire tout le bien qu'ils voudraient. C'est là le principal sujet des doléances de deux de vos Présidents qui, à leur sortie de charge, en 1867 et en 1868, vous recommandaient d'étudier les modifications qu'on pourrait apporter à ce qui, dans vos statuts, n'est peut-être plus suffisant aujourd'hui.

» Dans le courant de 1868, ces recommandations ont abouti

à diverses propositions tendant à augmenter l'importance
des fonctions du secrétaire, à rendre cet officier sinon perpétuel, tout au moins rééligible. On a discuté plusieurs combinaisons ; mais, la majorité ne voulant pas qu'on remaniât les
statuts, a décidé qu'on n'ajouterait rien ni à l'importance, ni
à la durée des fonctions du secrétaire.

» Toutefois, on reconnaissait si bien qu'il y avait quelque
chose à faire, qu'il a été convenu à l'unanimité que les
membres du bureau et des deux commissions permanentes se réuniraient le 4ᵉ mercredi de chaque mois pour
l'expédition des affaires. La mesure était bonne ; l'expérience
l'a démontré ; ces réunions ont eu lieu fort exactement et,
je crois pouvoir le dire, non sans de grands avantages. Vous
avez donc lieu de vous applaudir de vous être ralliés au
mezzo-termine suggéré par l'expérience d'un de vos anciens
présidents [1], mais me permettrez-vous d'ajouter que si ces
réunions ont donné de bons résultats, peut-être en aurait-on
obtenu de meilleurs par l'adoption de quelqu'une des combinaisons rejetées. Si plusieurs de vos présidents ont pensé
qu'il fallait que le gouvernail de la Société fût tenu avec plus
de suite, c'est que du poste où votre confiance les place, ils
voient vos affaires de très près et se rendent mieux compte
de l'insuffisance d'une direction qui change tous les ans que
ceux d'entre nous qui n'ont à se préoccuper que des
discussions scientifiques. Si je reviens sur une question
jugée, ce n'est pas, messieurs, que je veuille vous effrayer ;
je l'ai déjà dit, vos finances sont en bon état et la Société est
en voie de prospérité. Je ne viens pas non plus vous demander de remettre sur le tapis des propositions écartées si
récemment; la mesure des 4ᵉˢ séances a fait et fera beaucoup
de bien ; ce que je tenais à vous dire, avec ce que je puis
encore emprunter d'autorité au poste que vous avez bien
voulu me confier, c'est que, si vous voulez voir la Société
continuer sa marche ascendante, un jour, vous aviserez à
fortifier et à rendre moins éphémère la direction de vos
affaires matérielles.

» J'invite M. le baron de Guilhermy, président pour l'année

1. M. Pol Nicard.

1869, ainsi que MM. les Membres du nouveau Bureau, à
vouloir bien prendre place. »

M. de Guilhermy, président élu, s'exprime en ces termes:

Messieurs,

« Il n'y a pas encore trois ans que vous avez bien voulu
m'admettre parmi vous. Les occupations obligatoires que
m'imposent mes fonctions en dehors de cette enceinte, mais
bien plus encore le ralentissement de mon activité première,
triste conséquence de l'accumulation des années et du délâ-
brement de la santé, ne m'ont permis de prendre jusqu'ici
qu'une part bien incomplète à vos travaux. Je me contentais
d'écouter et d'apprendre, sans avoir aucune prétention à
l'honneur dont je prends aujourd'hui possession.

» Vous aurez voulu sans doute me tenir compte d'un passé
laborieux ; vous me traitez comme un vétéran émérite, alors
que moi-même je me serais volontiers classé parmi les
invalides. Vous me présentez ainsi, et ma reconnaissance
en est sincère, la meilleure occasion de prouver mon dévouement aux intérêts généraux de la Société et mes sentiments d'affection pour chacun des membres qui la composent.

» Je me suis longtemps demandé si je ne devais pas me
contenter de la sympathie que vous m'avez témoignée, il y a
un an, lorsque vous m'avez conféré la qualité de Vice-Président, et s'il ne serait pas opportun de vous prier de reporter
cette fois vos suffrages sur une tête plus jeune et plus
méritante.

» L'ambition de couronner mes études archéologiques par
le titre de Président de la Société des Antiquaires de France
a triomphé de mes hésitations. C'est qu'en effet rien ne m'a
jamais semblé plus digne d'envie qu'une élection spontanée
qui émane d'une Assemblée intelligente et libre.

» Le Président et le Bureau, qui ont dirigé les travaux et
géré les affaires de la Société, pendant l'année 1868, avec tant de
zèle, de tact et d'assiduité, nous laissent à tous les meilleurs
souvenirs. Permettez-moi d'inaugurer mes fonctions en vous
proposant pour nos confrères un vote de remerciement. »

Cette proposition est votée par acclamations.

Correspondance.

M. le président donne lecture d'une lettre adressée par M. l'abbé Chevalier, de Romans (Drôme), qui sollicite le titre d'associé correspondant national. Les présentateurs sont MM. Michelant et Bordier. La commission chargée d'examiner cette candidature sera composée de MM. Delisle, Marion et Heuzey.

A propos de cette nouvelle candidature, M. de La Villegille insiste pour qu'on ne néglige pas de faire signer aux postulants l'engagement de payer le diplôme et la cotisation annuelle.

M. le président donne lecture d'une lettre de M. Villiers du Terrage qui, écrivant au nom de madame Jollois, veuve d'un ancien membre de la Société des Antiquaires, offre à la Société, pour être déposés dans ses archives, les manuscrits, notes et dessins laissés par M. Jollois. A cette lettre est joint un catalogue détaillé des nombreux travaux de notre regretté confrère.

M. Egger appelle l'attention de la Compagnie sur l'importance de cette donation qui, à son avis, doit contenir bon nombre de notes et travaux inédits.

La Société décide que la donation est acceptée et qu'une lettre sera adressée à M. Villiers du Terrage pour lui exprimer ses sentiments de gratitude.

M. Bordier offre à la Société, de la part de l'auteur, M. Hermann Hammann un livre intitulé « Portefeuille artistique et archéologique de la Suisse. »

M. de Cessac et M. l'abbé Baudry adressent leurs remercîments à la Compagnie à l'occasion de leur élection comme associés correspondants nationaux.

Travaux.

M. de Barthélemy, s'appuyant sur le règlement qui permet de conférer le titre de correspondant à un savant étranger sans sa demande préalable, propose de nommer associé correspondant étranger, à Leuwarden, M. Dirks, membre des Etats généraux et de l'Académie Royale des Pays-Bas. Les présentateurs sont MM. de Barthélemy et Aubert. La commission désignée pour examiner cette candidature sera composée de MM. Pol Nicard, Riant et A. de Longpérier.

M. Mabille lit un rapport au nom de la commission chargée d'examiner les titres scientifiques présentés par M. le docteur Jousset. Le scrutin ayant donné la majorité exigée par le règlement, M. le docteur Jousset est proclamé associé correspondant national à Bellême (Orne).

M. de Lasteyrie communique à la Société les photographies de deux pièces d'orfévrerie barbare provenant de la collection scythique du musée de l'Ermitage à Saint-Pétersbourg. L'une d'elle est une grande fibule en forme d'oiseau rappelant par le dessin et par le travail les grandes fibules à incrustations cloisonnées du trésor de Pétrossa exposées en 1867 dans la section roumaine des galeries de l'histoire du travail. L'autre, trouvée à Novo-Tscherkask, chez les Cosaques du Don, est un diadème orné de pierres fines et d'un camée de travail grec.

Entre les serres de l'aigle qui forme la fibule, se voit un bouquetin du Caucase, et le même animal se trouve, ainsi que l'élan, très-bien caractérisés l'un et l'autre, à l'orle supérieur du diadème.

Il y a là une indication de provenance précieuse à recueillir dans ces monuments, évidemment très-anciens, d'un art dont les origines demeurent jusqu'ici fort obscures. C'est à ce titre surtout que M. de Lasteyrie a pensé que la communication de ces deux photographies pourrait intéresser ses confrères.

M. Pol Nicard commence la lecture de sa traduction d'un mémoire de M. Keller relatif aux refuges ou « Castella » celtiques trouvés sur les collines subalpestres, intitulé « Monuments helvétiques. »

Séance du 13 Janvier.

Présidence de M. DE GUILHERMY, président.

Correspondance.

M. le Président donne lecture d'une lettre de M. Boucher de Molandon, qui adresse ses remerciements à la compagnie, à l'occasion de son élection comme associé correspondant national, et qui offre à la Société un exemplaire de son étude sur une charte d'Agius, évêque d'Orléans au ix⁰ siècle.

Travaux.

M. Egger fait hommage à la Société d'un exemplaire de son « Mémoire sur quelques nouveaux fragments inédits de l'orateur Hypéride. » M. Egger rappelle à ses confrères qu'il a lu en séance toute la première partie de ce travail, et recommande à leur attention la remarquable perfection avec laquelle sont exécutés les fac-simile de papyrus qui accompagnent son mémoire.

M. Egger offre en outre à la Société deux fascicules du supplément de l'annuaire de 1868 publié par « l'Association pour l'encouragement des études grecques en France. » Il ajoute quelques mots en faveur de l'utilité de cette association dont il est heureux de constater les progrès.

M. Pol Nicard donne lecture d'une lettre de M. Théodore Fivel, de Chambéry, qui persiste à placer l'Alésia de César à Novalaise, en Savoie, et demande un examen approfondi de la question en faisant appel à la science et à la courtoisie de M. Quicherat, son principal contradicteur.

M. de la Villegille fait observer que la question de Novalaise a été soumise au Comité des travaux historiques par M. Fivel lui-même.

M. Quicherat prend la parole et fait connaître son désir de ne pas entamer une nouvelle polémique dans laquelle il ne peut être neutre puisque c'est lui qui a soulevé le grand débat relatif à l'Alaise de Franche-Comté, et qu'il a publié son opinion aujourd'hui connue de tout le monde savant. Il ajoute que l'attribution de M. Fivel ne lui paraît pas soutenable puisque le pays des Allobroges était conquis et soumis dix ans avant la guerre des Gaules. Il termine en disant que chacun est libre de juger les questions selon ses propres lumières, mais qu'il est impossible d'obliger quelqu'un à plaider en faveur d'une opinion dont il est l'adversaire.

M. Pol-Nicard se charge de répondre à M. Fivel.

M. Read lit la note suivante sur une proue en marbre blanc, sculptée, trouvée dans un massif de maçonnerie des bâtiments de l'ancienne Cour des comptes, faisant partie de la préfecture de police, actuellement en cours de démolition.

« Lorsqu'on appropria, il y a cinq ou six ans, pour la translation des bureaux de la préfecture de police, une salle du rez-de-chaussée des bâtiments de l'ancienne Cour des comptes qui relie à la galerie dite de Médicis l'arceau dit de la rue de Nazareth, on trouva, au milieu de cette salle, un pilier, ou poteau de décharge d'une poutre du plafond, lequel reposait sur un contre-fort ou massif de maçonnerie en moëllons. C'est dans ce massif que l'on découvrit le curieux fragment de marbre blanc sculpté dont nous présentons à la Société quatre photographies. Il faisait l'office de simple moëllon dans cette maçonnerie qui remontait à une époque fort reculée, peut-être au temps de Henri IV.

« Le fragment en question est une proue taillée dans un beau morceau de marbre blanc, portant 32 c. de longueur sur 22 c. de hauteur, de la carène au dessus, et 25 c. de largeur, avec une encoche de 6 c. au devant.

« De chaque côté de la proue sont sculptées, en bas-relief, deux scènes absolument identiques et placées symétriquement dans le sens de la marche de la nef. Sur des ondes houleuses, on voit un centaure marin, barbu et à double corne, dont l'un des bras, le gauche, s'élève jusqu'au bordage, et l'autre, le droit, tient, dans la paume de la main, une sorte de sébille ou de coquille ronde et unie. A la croupe, et sur le premier renflement des enroulements de sa queue de poisson, qui se termine en nageoire trifurquée, est assise une femme nue, vue de dos, le bras droit relevé au-dessus de la tête, et laissant retomber le long du flanc droit une draperie, le bras gauche appuyé sur la croupe du centaure. En avant, presque à la pointe de la proue, plane dans l'air un petit génie ailé, qui tourne la tête vers le centaure et semble guider sa marche en portant de la main gauche une sorte de caducée, affectant la forme d'un champignon, et qui est peut-être un lotus ou fleur d'eau. Le tout est d'une belle exécution, d'un ciseau habile et élégant.

» Au-dessus du bordage qui couronne cette scène, se trouve, à l'arrière de l'encoche de la pointe, un bastingage à croisillons plats, formant balustrade. Outre cette encoche de la pointe, on voit, à la partie supérieure, un trou carré qui paraît avoir reçu, soit un scellement, soit un objet que la proue, en guise de console, aurait pu supporter. La cassure, à la partie de derrière, n'est pas nette et laisse supposer qu'une queue, scellée dans le mur, aurait fixé la proue avec la partie ornée en saillie.

» Ce morceau a-t-il appartenu à une colonne rostrale? Le sujet qui y est représenté est-il un triomphe d'Amphitrite? Est-il antique? de l'époque romaine ou gallo-romaine? Ces questions semblent pouvoir être résolues affirmativement. Toujours est-il que le fragment dont il s'agit sera vu avec un grand intérêt parmi les débris nouvellement découverts dans la Cité, qui sont destinés à figurer au musée municipal de l'hôtel Carnavalet. »

M. Perrot déclare qu'il a entendu parler de ce bas-relief au moment où on l'a découvert et qu'il a pensé à le publier. Il ajoute que l'architecte de la ville était persuadé qu'on venait de remettre en lumière un marbre antique, apporté d'Italie au xvi° siècle, puis oublié, brisé et employé sans discernement.

M. Pol Nicard continue la lecture de sa traduction du mémoire de M. Keller sur les « Castella » celtiques des collines subalpestres.

Pendant le cours de cette lecture, M. Creuly présente quelques observations sur l'interprétation, par M. Keller, d'un passage de César concernant la construction des murs de défense. A la fin de la lecture, MM. Creuly et Brunet de Presle font observer qu'en Afrique et en Epire on rencontre aussi de ces refuges ou « Castella » établis dans des positions naturellement fortes. M. Creuly en signale particulièrement deux très-importants situés près de Constantine, et en conclut qu'il ne faut pas attribuer exclusivement ces lieux de refuge aux populations celtiques.

M. Pol Nicard s'engage à donner un résumé des dernières découvertes et à faire passer sous les yeux de ses confrères la série des plans des refuges levés par MM. Keller et Quiquerez.

La société décide qu'elle entendra une seconde lecture de la traduction du mémoire de M. Keller.

M. Pol Nicard, s'appuyant sur les précédents, propose de conférer à M. Keller, de Zurich, le titre d'associé correspondant étranger. Les présentateurs sont MM. de la Villegille et de Barthélemy; la commission. chargée d'examiner cette candidature, sera composée de MM. Pol Nicard, de Montaiglon et Creuly.

Séance du 20 Janvier.

Présidence de M. DE GUILHERMY, président.

Correspondance.

M. le Président donne lecture d'une lettre de M. Charles Robert, qui sollicite la place de membre résidant laissée vacante par la mort de M. Bourquelot. Les présentateurs sont MM. de Saulcy et Creuly. Le Président désigne MM. Chabouillet, Brunet de Presle et Wescher pour former la commission chargée de faire un rapport sur cette candidature. Le jour de l'élection est fixé au premier mercredi du mois de mars.

M. l'abbé Baudry adresse ses remerciements à la Compagnie à l'occasion de son élection comme associé correspondant; il annonce dans sa lettre les heureux résultats des fouilles opérées dans le dernier des puits funéraires qu'il a explorés, et c'est le onzième. Dans le dernier tiers de la fosse sépulcrale, c'est-à-dire à sept ou huit mètres de profondeur, il a rencontré, couchée sur un lit de fougères, une figurine de 20 centimètres de hauteur en argile blanche. Cette statuette représente une Vénus, nue, à double face, et la partie inférieure du corps est traitée avec assez d'habileté. M. l'abbé Baudry renvoie, pour se faire une idée de sa découverte en comparant avec des objets analogues, à la planche 24 de l'ouvrage de M. E. Tudot intitulé : *Collection de figurines en argile, œuvres premières de l'art gaulois.*

Travaux.

M. Nicard annonce que la Société de géographie de Dresde propose d'échanger ses publications avec les nôtres et demande si la Compagnie veut autoriser cet échange. M. Egger pense que des collections de ce genre peuvent contenir des articles très-intéressants, s'il en juge par les excellents travaux qu'il a trouvés dans les mémoires de la Société de Boston; il appuie la proposition; la Société consultée décide que l'échange aura lieu.

M. de Witte communique à la Société un fragment de statue en bronze doré appartenant à M. Vignat, maire d'Orléans, et apporté par M. Mantellier, associé correspondant, présent à la séance. Ce fragment provient d'une statue colossale, il représente quelques unes de ces bandes de cuir nommées par les Grecs « πτέρυγες » et qui, partant de la cuirasse, retombaient sur le haut du bras. puis sur les cuisses, comme le kilt des Écossais. On le trouva avec beaucoup d'autres débris de même nature, en 1865, à Tanlay (Yonne), et les ouvriers, qui se les étaient partagés, vendirent le tout à des colporteurs qu'on a recherchés, mais vainement, dans le but de réunir tous ces morceaux, dont le nombre était considérable.

M. de Witte estime que ce fragment appartient à l'époque de Constantin. Il fait remarquer que les statues en bronze doré ne marquent pas une époque de décadence, et cite à l'appui de son opinion celles qui sont conservées à Rome, entre autres la statue équestre de Marc-Aurèle, au Capitole.

M. Brunet de Presle dit qu'il serait désirable que l'on entreprît des fouilles afin de découvrir les traces du monument qui devait contenir une statue de cette importance. Il ne croit pas que, du temps de Constantin, on ait fait de grandes statues en Gaule, car cet empereur ne songeait qu'à Byzance et ne faisait rien pour les provinces; il les dépouillait plutôt pour orner sa nouvelle capitale.

M. Quicherat dit que la dorure des statues est un indice de décadence dans les arts, mais qu'il ne faut pas oublier que les artistes de province et des Gaules surtout, ont produit des œuvres vraiment médiocres au moment où Rome possédait encore les belles traditions. Il pense qu'une statue comme celle dont il est question n'était pas nécessairement érigée par ordre du prince, et il pourrait au besoin citer des villes qui, en reconnaissance d'un bienfait, avaient élevé une statue à l'empereur. M. Quicherat parle ensuite des découvertes de fragments de statues de bronze faites à Dieulouard (l'ancienne Scarponne) et promet d'en apporter à la prochaine séance les dessins exécutés sur place par M. Cournaut, conservateur du musée lorrain, à Nancy.

M. Egger suppose que les statues dorées étaient assez nombreuses puisqu'on en élevait à de simples fonctionnaires. Ce fait est prouvé par une inscription datant environ de l'an 750 de Rome, écrite en dialecte éolien, rapportée d'Orient et placée à la Bibliothèque impériale. Ce monument épigraphique, si intéressant à cause du langage employé, mentionne l'érection d'une statue dorée et l'exécution d'un portrait peint en l'honneur de VAGGIVS LABEON.

M. de Witte promet une note pour le bulletin au sujet de la découverte de Tanlay.

M. de Barthélemy commence la seconde lecture du mémoire de M. Abel, de Metz, intitulé : Notice sur des statues de Dirona, d'Hygie, d'Apollon et de Télesphore, trouvées près de la Sainte-Fontaine (Moselle).

Séance du 3 Février.

Présidence de M. DE GUILHERMY, président.

M. le Président annonce que M. Huillard-Bréholles, membre titulaire de la Société, vient d'être élu membre de l'Institut (Académie des inscriptions et belles-lettres).

Correspondance.

M. le Président donne lecture d'une lettre adressée par M. Becq de Fouquières, de Ramecourt (Pas-de-Calais), qui sollicite le titre d'associé correspondant national. Les présentateurs sont MM. Chabouillet et Perrot. La commission chargée d'examiner cette candidature se composera de MM. Heuzey, Guérin et Egger.

Travaux.

MM. G. Rey et Delisle lisent successivement des rapports au nom des Commissions chargées de présenter des conclusions sur les candidatures de M. de Longuemar et de M. l'abbé Chevalier. On procède au scrutin, et chacun des canditats ayant réuni le nombre de suffrages exigé par le réglement, le Président proclame associés correspondants nationaux M. de Longuemar, à Poitiers, et M. l'abbé Chevalier, à Romans (Drôme).

M. Delisle fait passer sous les yeux de ses confrères une bague appartenant à M. de Chantelauze qui a manifesté le désir de connaître l'opinion de la Société sur l'antiquité de cet objet. La bague, en cuivre doré, se compose d'un anneau de forme antique et d'un chaton ovale très-allongé, sur lequel on lit deux légendes gravées en relief, l'une, RENOVATIO REGNI FRANCORVM, est tracée au pourtour, l'autre, CARLVS IMPERATOR AVGVSTVS, est inscrite au centre, en abrégé.

MM. Quicherat, de Montaiglon et Chabouillet prennent tour à tour la parole et font remarquer que les chatons des bagues antiques n'ont jamais la forme allongée de celui-ci, que les légendes y sont gravées en creux, et enfin que l'objet soumis à l'appréciation de la Société ne peut pas être antérieur à l'époque où l'on a commencé à employer les timbres secs ou en couleur. En conséquence, ils concluent au peu d'ancienneté de la bague envoyée par M. de Chantelauze.

M. le Président demande à M. Wescher s'il veut se charger du soin de rédiger la notice nécrologique de M. Vincent, membre honoraire de la Société. M. Wescher accepte la mission qui lui est offerte, et M. Egger indique les titres de deux ou trois opuscules où l'on pourra puiser des détails qui faciliteront l'accomplissement de cette tâche.

M. Quicherat communique à la Société les dessins exécutés par M. Cournault d'après un bras, une cuisse et une jambe, fragments d'une statue de bronze trouvés à Dieulouard, où on les a rencontrés couchés sur le sable et recouverts par une ancre, antique aussi. Ces débris sont un peu plus grands que nature, d'un très-beau travail, et l'habile conservateur du musée lorrain, après avoir étudié la forme et le mouvement de ces membres nus, croit pouvoir affirmer qu'ils appartenaient à une statue de Vénus.

M. Quicherat communique en outre à la Société les

dessins d'objets trouvés à Puxieux (Moselle) dans une sépulture de l'époque barbare. Ce sont : une poignée de sabre accompagnée d'un tronçon de lame, une boucle de ceinturon et des pointes de lances et de flèches, en silex taillé par éclats dans le style des armes de cette nature fournies par les cavernes. La découverte de ces objets si divers, réunis dans le même tombeau, ajoute M. Quicherat, présente un fait de plus à alléguer contre la classification arbitraire des époques en âges de pierre, de bronze et de fer. Il est bien certain que les peuples primitifs ont commencé par se servir du silex pour fabriquer des instruments et des armes de guerre ou de chasse, mais plus tard, les métaux et la pierre ont été employés simultanément. Vouloir établir une classification par âges, d'après la matière des objets, c'est créer volontairement des sources d'erreur. La forme du sabre et de la boucle de ceinturon démontre positivement qu'ils appartiennent à l'époque carolingienne, et M. Quicherat en conclut que la sépulture de Puxieux est, à n'en pas douter, un tombeau du ix⁰ siècle.

M. Prost, membre correspondant, donne quelques détails sur les fragments de statue découverts à Dieulouard. Ces débris, rencontrés dans les fouilles nécessitées par les travaux de canalisation de la Moselle, furent déposés dans les bureaux des ingénieurs, sur le terrain même; on les destinait au musée de Nancy où ils devaient demeurer, à moins que l'administration du musée de Saint-Germain ne vînt les réclamer.

M. de Barthélemy termine la seconde lecture du mémoire de M. Abel, de Metz; après une courte discussion à laquelle prennent part MM. Pol Nicard, Brunet de Presle et Chabouillet, ce mémoire est renvoyé à la Commission des impressions.

Séance du 10 Février.

Présidence de M. DE GUILHERMY, président.

Travaux.

M. Heuzey soumet à la Société, de la part de M. Morin, architecte, et de M. Barbe, membre de la Société archéologique de la Mayenne, le moulage d'un médaillon représentant une tête d'empereur romain, laurée, dont le profil accentué rappelle les traits de Jules César. Au revers de ce monument découvert au musée du Mans, au milieu de nombreux fragments de sculpture, on lit l'inscription suivante :

« Cette tête antique a été retrouvée en 1776 dans la paroisse de Jublains, par M. Lamotte, curé. »

M. Heuzey fait remarquer que ce morceau se rapproche par son style de certains médaillons de la Renaissance. Il demande cependant s'il n'y a pas lieu de tenir compte de la qualification d'*antique* contenue dans l'inscription.

MM. Pol Nicard, Chabouillet, de Barthélemy et Quicherat sont d'accord pour voir dans ce médaillon une œuvre de la Renaissance ; après un examen attentif, M. Quicherat conclut en disant que cette sculpture a dû être exécutée, vers l'an 1560, par un artiste de la province.

M. Quicherat communique à ses confrères le dessin d'un fer destiné à ferrer un animal, mais non point un solipède, car il porte au milieu de la courbure une amorce ou talon en saillie évidemment forgé pour venir se placer dans l'intervalle qui sépare les deux parties du sabot des quadrupèdes à pieds fourchus. Ce fer, qui n'est percé d'aucun trou pour le passage des clous, et qui ne présente pas de rebords préparés pour enfermer le sabot, n'a pas été achevé par le forgeron.

On l'a rencontré dans le douzième des puits funéraires

explorés à Troussepoil, commune du Bernard (Vendée), par M. l'abbé Baudry, associé correspondant, qui, dans sa lettre du 14 janvier dernier, avait annoncé à la Société la découverte d'une statuette en argile blanche trouvée dans cette même fosse sépulcrale.

Ce puits, profond de 10 mètres environ, est divisé en trois régions séparées par des pavements. Il contenait, y compris la statuette et le fer précités, des ossements, des poteries intactes, ou brisées, des outils de charpentier en fer, des monnaies de Tibère, Domitien et Adrien, et enfin dans la dernière section, le squelette d'un corbeau.

Toutes ces fosses sépulcrales renferment des restes très-caractérisés d'animaux de toute espèce, quadrupèdes, volatiles et scarabés; et il est à remarquer que dans les sections les plus profondes les poteries qu'on y rencontre sont souvent intactes tandis que dans les sections supérieures elles ne sont jamais entières. Ces explorations font le plus grand honneur à notre savant correspondant, qui a tiré de ces fouilles habilement dirigées un véritable musée archéologique du plus haut intérêt.

La Société entend successivement la seconde lecture du mémoire de M. Lagrèze Fossat, associé correspondant, sur « *la valeur de quelques monnaies en usage à Moissac, dans la seconde moitié du XV*e *siècle,* » et la seconde lecture du mémoire de M. Longnon sur « *le Morvois, pagus Morivensis.* » Ces deux mémoires sont renvoyés à la Commission des impressions.

Séance du 17 Février.

Présidence de M. DE GUILHERMY, président.

Correspondance

M. de Longuemar, de Poitiers, adresse ses remercîments à la Compagnie à l'occasion de son élection comme associé correspondant national.

Travaux.

M. Aubert termine la seconde lecture de son mémoire sur le trésor de l'abbaye de Saint-Maurice-d'Agaune. La Société décide que ce travail sera renvoyé à la Commission des impressions.

Séance du 3 Mars.

Présidence de M. DE GUILHERMY, président.

Correspondance.

Le président donne lecture d'une lettre de M. de Lépinoy, associé correspondant à Rouen, qui annonce la fondation d'une *société de l'histoire de Normandie*, dont le but est de publier ou de rééditer les documents originaux et les principaux ouvrages relatifs à l'histoire de Normandie et antérieurs à 1789. L'ouvrage qui commencera cette série de publications est la *Chronique de Robert du Mont,* éditée par notre savant confrère, M. L. Delisle. La Compagnie accueille avec faveur la communication de M. de Lépinoy, et témoigne toute sa sympathie pour le succès de cette œuvre utile.

M. G. Duplessis écrit pour déclarer qu'il se retire devant la candidature de M. Ch. Robert, en annonçant toutefois son intention de se présenter de nouveau aux suffrages de la Société.

Travaux.

La Société procède à l'élection d'un membre de la Commission des fonds en remplacement de M. Bourquelot, décédé. On passe au scrutin et M. de La Villegille, ayant obtenu la majorité exigée par le réglement, est proclamé membre de cette Commission.

M. Chabouillet lit un rapport au nom de la commission chargée d'examiner la candidature de M. Ch. Robert. On procède au scrutin et M. Ch. Robert, ayant réuni la majorité réglementaire des suffrages, est proclamé membre résidant de la Société.

M. Huillard-Bréholles offre à la Société de la part de Mme Bourquelot un mémoire de son mari. La veuve de notre regretté confrère désirerait que ce travail fût inséré dans le prochain volume des Mémoires. Il est intitulé « *De la persistance du paganisme dans la Gaule.* »

MM. Egger et Pol Nicard lisent successivement des rapports au nom des commissions chargées de présenter des conclusions sur les candidatures de MM. Becq de Fouquières, Dirks et Keller. On procède au scrutin et chacun des candidats ayant réuni le nombre de suffrages exigé par le réglement, M. le Président proclame associé correspondant national M. Becq de Fouquières à Ramecourt (Pas-de-Calais), et associés correspondants étrangers M. Dirks à Leuwarden (Hollande) et M. Keller à Zurich (Suisse).

M. Cocheris, au nom de l'administration de la Bibliothèque Mazarine, demande que la Société veuille bien accorder à cet établissement la collection des mémoires. La Société consultée décide qu'un exemplaire aussi complet que possible des mémoires sera mis à la disposition des administrateurs de la Bibliothèque Mazarine.

Séance du 10 Mars.

Présidence de M. de Guilhermy, président.

Correspondance.

MM. Becq de Fouquières, Jousset et Dirks adressent leurs remerciements à la Société à l'occasion de leur nomination comme associés correspondants.

Travaux.

M. de Rochambeau, associé correspondant, présent à la séance, fait hommage à la Compagnie de son ouvrage intitulé « La famille de Ronsart, recherches généalogiques, historiques et littéraires sur P. de Ronsart et sa famille. »

M. Quicherat informe ses confrères qu'il va publier dans *la Revue des Sociétés savantes* une réponse à M. Fivel sur la question de l'Alésia de César placée par ce dernier à Novalaise, en Savoie. Il donne ensuite lecture d'un mémoire destiné à corroborer cette réponse et qui établit la distinction qu'il importe de faire entre deux peuples de la Gaule, les Allobroges et les Allobriges. Les Allobroges habitaient la Savoie et une partie du Dauphiné et les Allobriges étaient fixés dans la seconde Germanie, entre les Bataves et les Ménapiens.

M. Egger demande quelques explications sur les passages de Dion Cassius et de Procope invoqués par M. Quicherat, ainsi que sur le texte d'Appien cité dans Suidas et relevé par D. Bouquet comme anonyme. Il croit qu'en recourant aux manuscrits les plus anciens, on pourrait peut-être trouver la trace de la transformation du mot Allobroges qui a pu devenir Allobrèges puis Allobriges.

M. Brunet de Presle fait remarquer qu'en grec il y a beaucoup de noms de peuples terminés en *iges*.

La Société décide qu'elle entendra une seconde lecture du mémoire de M. Quicherat.

M. Georges Perrot met sous les yeux de la Société deux inscriptions latines qu'il vient de recevoir d'*Angora*, l'ancienne Ancyre ; elles ont été copiées par l'abbé Vincent Kyrmizian, prêtre arménien catholique d'Ancyre, professeur au séminaire fondé par Mgr Chichmanian et aujourd'hui dirigé par son successeur Mgr Arakial.

M. Perrot lit à ce sujet la note suivante :

« C'est dans le quartier grec que l'abbé Kyrmizian a recueilli les deux textes épigraphiques que je m'empresse de présenter à la Société : l'un d'eux au moins a une grande importance. Nous espérons que cette première communication sera suivie de beaucoup d'autres, et que les deux années passées à Paris, au séminaire de Saint-Sulpice, par MM. Vincent Kyrmizian et Jean Saghyrian, profiteront à la fois au développement intellectuel et moral de la communauté arménienne et aux intérêts de la science européenne. Cette honnête et laborieuse population, trop peu connue en Occident, n'a pas de meilleur moyen de s'assurer les sympathies de l'Europe que de nous prouver, par de fréquents envois, qu'elle compte déjà, parmi ses conducteurs spirituels, des hommes chez qui s'est éveillée la curiosité scientifique, et qui peuvent dès aujourd'hui nous aider à défendre contre l'insouciante ignorance des générations actuelles tant de restes encore subsistants du passé.

Sur une table de marbre encastrée dans une construction moderne, où elle était en grande partie cachée par du plâtre, dans le quartier grec, on lit en lettres toutes parfaitement conservées.

♧ PSEMPAELLYCINO PROC ꟿGGNN
PROV SYRIAE PALESTINAE PROC
HIDILOGI PROC DACIAE POROLISENSIS
PROC X̅X̅ H̅ PROVINCIARVM GALLIARVM
NARBONENSIS ET AQVITANIAE ITEM OMNIBVS
EQVESTRIBVS MILITIIS PERFVNCTO ♧
BLAESIVS APOLLINARIS

P(ublio) Semp(ronio) Ael(io) Lycino proc(uratori) Aug(ustorum) prov(inciæ) Syriæ Palestinæ, proc(uratori) [n(ostrorum) hidilogi, proc(uratori) vigesimæ h(ereditatum) provinciarum Narbonensis et Aquitaniæ, item omnibus [Galliarum equestribus militiis perfuncto,
Blaesius Apollinaris.

« Nous avons ici les noms complets d'un personnage de l'ordre équestre déjà mentionné dans une inscription latine d'Ancyre dont nous avons plusieurs copies ; l'une provenant de Douza a été reproduite par Gruter [1], l'autre provenant de Tournefort par Muratori [2]. Pococke [3], et Hamilton [4] l'ont encore transcrite dans le cimetière arménien, et c'est d'après la comparaison de toutes ces copies que M. Waddington, dans le *Voyage archéologique*, n. 1786, la rétablit ainsi :

Imp. Cæsari M. Aurelio Antonino invicto Augusto Pio
Felici, Aelius Lycinus, v(ir) e(gregius), devotissimus numini ejus.

« L. 1. Je ne connais pas d'autre exemple du nom de Sempronius ainsi abrégé. Il suffirait de cette accumulation de noms et de ces *gentilicia* ainsi abrégés pour nous avertir que l'inscription nouvelle n'est pas antérieure à la fin du second siècle ; mais elle porte d'ailleurs avec elle sa date, si on la rapproche de celle que nous venons de citer. L'empereur dont il est question sur le marbre copié par Tournefort est, dit M. Waddington, Caracalla ou Elagabale. Mais nous voyons, par notre inscription, qu'au moment où elle fut gravée en l'honneur d'Ælius Lycinus par Blæsius Apollinaris, Lycinus exerçait sa charge comme représentant de deux Augustes. Il n'y a donc plus à hésiter : ce fut sous Caracalla et Géta que Lycinus entra en fonctions, et après la mort de Géta il honora Caracalla par l'inscription que Douza vit le premier. L. 3. Nous trouvons ici une transcription latine du titre que portait en Egypte le procurateur chargé d'administrer dans cette province le domaine privé de l'empereur, le fonctionnaire que les inscriptions grecques appellent ὁ πρὸς τῷἰδίῳ λόγῳ τεταγμένος [5], ὁ γνώμων τοῦ ἰδίου λόγου [6], ὁ ἐπίτροπος δουκηνάριος Ἀλεξανδρείας τοῦ ἰδίου λόγου [7]. Strabon le nomme ἰδιόλογος [8], et c'est ce terme qu'a transcrit exactement une inscription de Vena-

1. P. 259, 1, in Græcia alicubi, e Douza.
2. P. 247, 4.
3. *Inscript. ant.* p. 33.
4. T. II, n. 129.
5. *C. I. Gr.* 4957, l. 39.
6. Ibid. l. 44.
7. *C. I. Gr.* 3751.
8. L. XVII, ch. 1, § 12 : Ἄλλος δ' ἐστὶν ὁ προσαγορευόμενος ἰδιόλογος, ὃς τῶν ἀδεσπότων καὶ τῶν εἰς Καίσαρα πίπτειν ὀφειλόντων ἐξεταστής ἐστι.

frum[1]. Notre transcription, due peut-être à un graveur qui ne comprenait pas le sens du mot, est moins correcte. La lettre H surprend ici : on peut pourtant se l'expliquer, sans accuser l'ignorance du graveur ou de celui qui lui avait fourni le texte à copier sur la pierre. C'est qu'en effet si le mot ἴδιος est ordinairement marqué de l'esprit doux, il paraît pourtant s'être prononcé, dans certains dialectes locaux [2], avec une aspiration initiale, reste sans doute d'un ancien digamma [3], qui a été parfois indiquée, dans les inscriptions, par l'aspiration de la consonne précédente, et que représenterait ici le H [4].

» Mais ce qui fait surtout l'intérêt de l'inscription, c'est qu'elle contient, écrit tout au long, le nom de l'une des trois provinces financières que l'on comptait en Dacie, depuis Antonin le Pieux [5]. La DACIA APULENSIS avait été la première reconnue sur les monuments ; un diplôme militaire du musée de Náples avait plus tard révélé le nom de la DACIA MALVENSIS [6]. Borghesi avait cru lire le nom de la troisième Dacie dans une inscription trouvée par Neigebaur non loin de Sarmizegethuza, à Varhéli, inscription dont il restituait ainsi le titre : PROC. AV(*gusti iii*) DA*ciarum* APUL*ensis* AVR*ariæ* M(*alv*)*ensis*. Mais depuis lors M. Mommsen a vu l'inscription même de Varhéli ; il a constaté qu'elle avait été mal copiée par Neigebaur et qu'il fallait lire (nous devons ce renseignement à une bienveillante communication de M. Léon Renier) POR et non AVR. Il en a conclu que ce district avait, comme les deux autres, emprunté son nom à une de ses villes principales, Porolissum ou Parolissum [7].

---

1. Mommsen, *I. R. N.* 4636. Orelli-Henzen, 6926 ; on y lit les mots : *idiologo ad Ægyptum.*

2. Ainsi dans l'île de Ténos (*C. I. Gr.*, 2329, 2335), dans l'île de Siphnos (ibid. 2347, c.).

3. La *table d'Héraclée* porte Ϝίδιος.

4. Franz (*Elementa Epigraphices Græcæ*, p. 232) cite des exemples de plusieurs autres mots, tels que ἔτος, ἐνιαυτός, ἴσος qui paraissent aussi avoir été parfois aspirés. C'est dans des inscriptions postérieures à la réduction de la Grèce en province romaine qu'il relève ces exemples.

5 Borghesi, *Œuvres épigraphiques*, t. I, p. 480 et la note de M. Henzen.

6. Henzen-Orelli, 5520. Cf. *Bullett. dell' Inst. arch.* 1848, p. 153.

7. Le nom de la ville de Porolissum ou Parolissum dont l'emplacement

» La conjecture de M. Mommsen[1] est confirmée de la manière la plus formelle par le texte d'Ancyre, où le nom de la province procuratorienne est écrit en toutes lettres : DACIA POROLISENSIS[2].

« La formule ITEM OMNIBUS EQUESTRIBUS MILITUS PERFUNCTO mérite aussi quelque attention. Elle indique que le rédacteur de l'inscription, frappé de l'importance des services civils d'Ælius Lycinus, a jugé inutile d'énumérer ses services militaires. Cette formule n'est pas commune ; je ne la retrouve que dans une inscription de Dacie, publiée par Reinesius, et qu'Orelli paraît regarder à tort comme suspecte[3].

Sur un cippe funéraire, dans le même quartier.

D M
M ❧ VLPIO
ANTVLLINO
7 ·LEG ❧ XVI FL
...LPI ❧ VEGETVS
ANTVLLINVS ❧ ET
SEVERVS ❧ FILI
PATRI ❧ PIENTISSIMO

n'est pas fixé encore d'une manière certaine, était connu par les auteurs et les inscriptions. On trouvera tous les textes qui y sont relatifs réunis dans Forbiger, *Handbuch der alten geographie*, t. III, p. 1109. La double copie d'une inscription de Varhély, que nous donne Gruter (p. 413, 2 et 477, 3), donne POROL pour première syllabe ; c'est à tort, si nous ne nous trompons, qu'Orelli, en réimprimant cette même inscription d'après Seivert, a corrigé POROL en PARAL (n. 3433). Dans les plus récentes éditions de Ptolémée, on trouve Πορόλισσον et Παρόλισσον (III, 8, 6).

1. *C. I. L.* vol. III, n. 1464. La découverte de M. Mommsen est indiquée par M. Renier dans le tome VI des *Œuvres complètes* de Borghesi, p. 265, n. 4. Elle est aussi signalée par M. Desjardins dans sa *Lettre à Henzen sur quelques inscriptions inédites de Valachie et de Bulgarie*, p. 12, note 3.

2. Le nom est écrit par deux S dans la *Table de Peutinger* et le *Géographe de Ravenne* et Ptolémée, mais par un seul dans une inscription citée par Fabretti.

3. Orelli, 4552. M. Henzen (t. III, p. 480) ne voit aucune raison de douter de l'authenticité.

D(is) M(anibus)
M(arco) Ulpio.
Antullino
Centurioni leg (ionis) sedecimæ Fla(viæ)
[P(iæ) F(idelis) U]lpi Vegetus
Antullinus et
Severus fili
patri pientissimo.

» La copie qui m'a été envoyée porte LIB à la ligne 3, après le sigle. La correction ne peut faire l'objet d'aucun doute. Le nom d'Ulpius nous indique que l'inscription est postérieure à Trajan. Fondée par Vespasien, la *Legio XVI Flavia Firma* paraît être restée, jusqu'à la fin de l'empire, cantonnée en Syrie. Il n'est pas étonnant qu'après avoir pris sa retraite, un centurion de cette légion soit venu s'établir et mourir à Ancyre.

» Dans une troisième inscription qui nous a été envoyée en même temps, et qui est en grec, nous n'avons pu distinguer que quelques mots sans suite. »

M. Egger présente quelques observations sur le mot Hidiologos contenu dans l'inscription et écrit avec un H. Il donne des exemples d'une semblable orthographe nécessitée par la prononciation aspirée et croit que cette question mérite d'être examinée.

M. Pol Nicard communique à la Société le dessin d'un dé ou double pyramide à quatre faces, en fer forgé. On a trouvé bon nombre de ces objets en Suisse, mais uniquement dans les vallées septentrionales et jamais dans un établissement romain. Le poids de ces dés varie de dix à quinze livres. Les archéologues suisses demandent si ce ne sont pas des poids et M. Pol Nicard pose la même question.

M. Quicherat fait observer que le Musée possède plusieurs spécimens de ces dés qui proviennent de Babylone; ce sont des lingots préparés pour être livrés au commerce; on sait en effet que l'Orient livrait sous cette forme les métaux qui se répandaient ensuite dans tous les pays pour y être ouvrés.

M. Pol Nicard fait passer sous les yeux de ses confrères les plans des refuges découverts dans les Alpes par M. Keller, en appelant particulièrement l'attention sur trois d'entre eux.

Le premier, situé sur le versant de la montagne que côtoie la route du Val-Travers à Neufchâtel, au lieu dit le Chatelard, se compose d'un rempart aujourd'hui peu saillant et qui était sans doute surmonté d'une palissade.

Le second est élevé sur un plateau, à une demi-lieue de Soleure ; il a la forme d'un cône et repose sur une substruction de roches ; la circonférence de sa base et sa hauteur sont considérables. L'accès de ce refuge était défendu par plusieurs lignes de remparts. Il n'est cependant pas possible de déterminer exactement la destination de ce monument dont on ne trouve l'analogue ni en France, ni en Angleterre, ni en Allemagne. Était-ce un monument funéraire ?

Le troisième est situé près de Niederhesli, non loin de Zurich ; il se compose d'un monticule dont le diamètre atteint 182 pieds, entouré d'un fossé et d'un retranchement. Placé sur un sol tourbeux, il a été formé d'une terre sablonneuse évidemment amenée de loin. A diverses hauteurs, on remarque des couches de cendres parmi lesquelles se rencontrent des fragments de poteries et des ossements d'animaux calcinés. Il existe en Angleterre et dans la Troade des collines funéraires dont la construction semble se rapprocher de celle de ce dernier monument.

Séance du 17 Mars.

Présidence de M. DE GUILHERMY, président.

Correspondance.

M. le Président donne lecture d'une lettre adressée par M. Alexandre Pinchart, chef de section aux archives générales du royaume de Belgique, à Bruxelles, qui sollicite le titre d'associé correspondant étranger. Les présentateurs sont MM. Boutaric et Mabille. La Commission chargée d'examiner cette candidature se composera de MM. de Montaiglon, Ch. Robert et Brunet de Presle.

Travaux.

M. Pol Nicard lit un rapport contenant l'inventaire des manuscrits laissés par M. Jollois et donnés à la Société par Mme Jollois, sa veuve.

M. de Montaiglon propose d'insérer ce rapport dans le bulletin ; la Société adopte la proposition, renvoie le rapport à la Commission des impressions et décide qu'une lettre officielle sera adressée à Mme Jollois pour la remercier au nom de la Compagnie.

M. Huillard Bréholles commence la lecture du travail inachevé de notre regretté confrère, M. Bourquelot, intitulé : *De la persistance du paganisme dans la Gaule.*

Après l'audition des deux seuls chapitres à peu près terminés, le premier et le troisième, intitulés, l'un, *Explications préliminaires*, l'autre, *Apostolat de saint Martin*, une discussion s'engage.

MM. de Montaiglon, Boutaric et Guérin font observer que le premier chapitre est une préface qui serait bien placée en tête d'un ouvrage considérable, mais qu'il leur semble bien difficile de le publier ainsi presque isolément.

M. Brunet de Presle est d'avis de publier les deux chapitres dont la Société vient d'entendre la lecture.

M. Huillard Bréholles propose d'imprimer le chapitre intitulé *Apostolat de saint Martin*, en l'accompagnant d'une note explicative sur la nature de ce travail, l'importance qu'il devait avoir et le triste événement qui l'a interrompu. M. Huillard Bréholles ajoute qu'il se chargera très-volontiers de la rédaction de cette note.

La Société adopte cette proposition et décide qu'elle entendra une seconde lecture du troisième chapitre suivi de la note rédigée par M. Huillard Bréholles.

Séance du 7 Avril.

Présidence de M. DE GUILHERMY, président.

Correspondance

M. l'abbé Corblet, associé correspondant, adresse à la Société un exemplaire du premier volume de son ouvrage intitulé « Hagiographie du diocèse d'Amiens. »

M. Keller de Zurich écrit pour remercier la Compagnie à l'occasion de sa nomination comme associé correspondant étranger.

M. Bertrand, conservateur du musée de Saint-Germain, demande que la Société veuille bien disposer en faveur de la bibliothèque de l'établissement qu'il dirige, d'un exemplaire de la collection des Mémoires et Bulletins. Après une courte discussion, la Société décide que la troisième série des mémoires, aussi complète que possible, sera mise à la disposition de l'administration du musée de Saint-Germain.

M. Zeibig écrit au nom de l'Institut sténographique royal de Saxe pour demander un second exemplaire du tome des mémoires qui contient la charte d'Agius, évêque d'Orléans. A la suite de quelques observations présentées par MM. Delisle et Pol Nicard, la Société décide que le volume demandé sera accordé.

M. Beaune, associé correspondant, adresse une notice sur un fragment inédit des lettres patentes de Philippe le Bon, duc de Bourgogne, qui accordent en 1448, à une Société flamande le privilége d'exploiter les mines du duché de Bourgogne. La Société décide qu'elle entendra la lecture de ce travail dans une prochaine séance.

M. de La Nicollière, de Nantes, demande le titre d'associé correspondant. Les présentateurs sont MM. de La Villegille et de Barthélemy. M. le président nomme une commission composée de MM. Heuzey, Robert et Delisle pour faire un rapport sur cette candidature.

Travaux.

M. de Barthélemy, au nom de la commission des impressions, lit successivement trois rapports concluant à l'impression des mémoires suivants : 1° Sur la valeur de quelques monnaies en usage à Moissac dans la seconde moitié du xvᵉ siècle, par M. Lagrège Fossat, associé correspondant. 2° Sur la statue de l'Hercule Mastaï, par M. Passy, membre résidant. 3° Sur le Pagus Morivensis, par M. Longnon, élève de l'Ecole des hautes études. Adoptant la conclusion de ces rapports, la Société décide que les trois mémoires précités prendront place dans le prochain volume.

M. de Montaiglon donne lecture d'un rapport sur les titres de M. Alex. Pinchart; le candidat ayant réuni la majorité des suffrages exigée par le réglement, est proclamé associé correspondant étranger, à Bruxelles.

M. de La Villegille lit un rapport sur sa gestion triennale et sur la situation des finances de la Compagnie. Ce rapport est renvoyé à la commission des fonds et des remerciements sont votés au trésorier dont les fonctions viennent d'expirer.

M. Read annonce à ses confrères les découvertes faites dans les travaux de déblais exécutés dans certains quartiers de Paris. Pendant les fouilles qui ont eu lieu sur le parcours de la rue d'Arras on a mis au jour une portion de la muraille d'enceinte construite sous Philippe-Auguste. Dans la rue Monge, sur le terrain de l'ancien couvent des Dames anglaises, on a découvert sept ou huit massifs de maçonnerie antique présentant la forme circulaire et offrant même la trace des galeries de circulation appelées vomitoires. Ces ruines sont recouvertes par des remblais dont l'ancienneté ne peut être contestable. M. Read pense qu'on doit reconnaître là les restes des arènes antiques. M. Quicherat partage cette opinion.

M. de Lessac, associé correspondant, présent à la séance, fait la communication suivante :

« La belle église romane de Chambon-sur-Vouïze, Creuse,

ou Chambon-Sainte-Valerie, comme on disait autrefois, était entourée, du côté du monastère, de deux rangs de tombeaux qui ont été successivement détruits aussitôt mis au jour. De récents travaux de drainage pratiqués dans le jardin actuel de cet ancien couvent de bénédictins viennent d'en faire découvrir deux nouveaux dont je suis heureux de mettre sous vos yeux le croquis avec un estampage de l'inscription que porte l'un d'eux. Ces pierres tumulaires étaient enfouies côte à côte à un mètre de profondeur ; celle qui porte l'inscription longeant le mur méridional de l'église et toutes deux touchant presque le transept par leur sommet.

« La première de ces pierres, celle qui faisait partie du rang extérieur n'a pour tout ornement qu'une croix gravée en relief. C'est d'abord un ovale de 0^m 40 c. de largeur sur 0^m 36 de hauteur que coupent, en allant de la circonférence au centre, mais sans l'atteindre, quatre petits sillons disposés en forme d'X ; puis un globe de 0^m 15 de diamètre et enfin une hampe d'un mètre de hauteur supportant le tout. Cette pierre a un mètre 72 centimètres de longueur sur 0^m 61 centimètres de largeur ; la suivante 1^m 85 sur 0^m 38.

» L'inscription gravée en relief sur cette seconde pierre :
IC JACET BLAIN MILES.
est ainsi disposée : d'abord sur deux lignes la formule habituelle IC JA CET puis dans un écusson le nom BLAIN enfin à la suite de cet écusson la qualification MILES. Deux losanges appointés, chargés chacun d'un poisson mis en pal, suivent ce dernier mot.

« Je ferai d'abord remarquer l'absence de l'H dans le mot HIC. Les nombreuses inscriptions rapportées par l'abbé Texier dans son *Recueil des inscriptions du Limousin* n'offrent aucun exemple de cette façon d'écrire ce mot. Elle tient, dans la circonstance, au manque de place qui a forcé le graveur à négliger une lettre inutile à la prononciation. Mais ce qui frappe surtout dans cette épitaphe c'est le mélange de caractères appartenant à des alphabets d'époques fort éloignées les unes des autres. Ainsi l'M et l'N sont antiques, les C carrés appartiennent au ixe siècle quoiqu'on les retrouve quelquefois en Limousin au xiie, le T est de cette dernière époque, les L et les A du xiiie. On peut confronter ces dates avec les planches du *Recueil des inscriptions du Limousin.*

» Une autre anomalie c'est la disposition de l'ornementation de cette pierre. Sur ses quatre tranches trois sont brutes et telles qu'elles durent sortir de la carrière. La quatrième seule est taillée avec soin et ornée à la partie supérieure et latérale d'une plate-bande de 0^m 8 de largeur sur 0^m 5 de saillie. Or cette face ornée se trouve du côté du haut des lettres ; cette disposition rendait donc nécessaire le placement de l'inscription à l'envers et effectivement elle était placée ainsi, le bas des lettres du côté du mur de l'église, le haut du côté du jardin.

» Pour les A et les L de cette épitaphe, les lettres à formes les plus récentes lui assignent comme date le xiiie siècle. Cette attribution semble confirmée par cette remarque de l'abbé Texier (L. C. p. 68) que « de 1300 à 1360 les inscriptions excluent entièrement les caractères d'origine romaine ou romane qui se mêlent jusque là aux autres. Qu'après 1360 le gothique arrondi est réduit à son rôle de majuscule, qu'il ne paraît plus qu'aux alinéas, au commencement des vers et des noms propres. »

» La forme de l'écusson sur lequel se lit le mot BLAIN est bien celle usitée au xiiie siècle. Quant aux losanges qui renferment un poisson, si ce sont les armes du chevalier Blain comme tout le fait supposer, cette forme d'écusson viendrait s'ajouter aux observations précédentes pour porter à attribuer au xiiie siècle la pierre tumulaire de Chambon. En effet à partir du xive siècle la forme en losange fut réservée à l'écusson des veuves.

» Quel est le chevalier qui reposa sous cette pierre ? Les archives détruites du monastère de Chambon, la perte de son obituaire ne permettront peut-être jamais de répondre d'une manière certaine à cette question. Tout ce que je sais c'est qu'une famille du Bourbonnais, que ses alliances avec les seigneurs de Mérinchal et de Boussac dans la Creuse et ses possessions non loin de Chambon pouvaient y avoir attirée, avait au xiiie siècle plusieurs de ses membres portant le prénom de Blain. Seulement les armes ne sont pas celles que nous retrouvons ici : les Le Loup de Bellenave portent d'azur au Loup passant d'or, mais M. Quicherat vient de me faire observer que ce sont là des armes parlantes et qu'elles ont bien pu inspirer à une branche de cette famille la pensée d'en prendre d'identiques en adoptant, comme brisure de cadet le poisson de mer appelé Loup. »

M. Pol Nicard donne lecture de son rapport sur les manuscrits de M. Jollois, offerts par sa veuve à la Société :

« Messieurs, chargés de l'examen des manuscrits, notes et dessins laissés par notre confrère, M. Jollois, décédé le 25 juin 1842, M. Aubert et moi nous avons consacré plusieurs séances à l'inventaire des portefeuilles qui les contiennent avec une attention respectueuse pour la mémoire d'un antiquaire, digne à coup sûr de tous les éloges qui lui ont été décernés par l'auteur de la notice sur la vie et les ouvrages de notre confrère, insérés dans le tome VIIIe de la nouvelle série de nos mémoires et reproduits dans l'annuaire du département de l'Yonne pour 1848. L'auteur de cette intéressante notice, notre confrère, M. A. Maury, avait eu l'avantage de pouvoir apprécier dans des relations personnelles le mérite, l'honnêteté et la bonté de M. Jollois, avantage que très-peu d'entre nous ont pu avoir.

» Les manuscrits qui viennent de vous être généreusement offerts par sa veuve ont été dépouillés par M. Aubert et par moi, avec l'intérêt qui s'attache à des découvertes récentes, c'est assez vous dire qu'aucun d'eux n'a été négligé. Ils sont exclusivement relatifs aux antiquités trouvées sur le sol de notre patrie ; aucun d'eux, en effet, ne concerne les monuments de l'antique Egypte que M. Jolois avait, comme vous le savez, explorés et décrits, de concert avec un autre de nos confrères qui lui avait survécu, M. Villiers du Terrage. Successivement ingénieur en chef des départements des Vosges, du Loiret et de la Seine pendant un grand nombre d'années, M. Jollois s'est trouvé initié aux découvertes d'antiquités faites dans ces trois départements, et s'étant mis en rapport avec les principaux archéologues dans les localités où des objets antiques avaient été découverts, il a contribué pour une part importante à la description des monuments que les travaux de sa savante profession révélaient chaque jour, ainsi que le témoignent de nombreuses lettres d'érudits qui accompagnent les manuscrits que nous devons à la générosité de Mme Jollois.

» Les importants travaux de notre confrère ne sont pas au surplus demeurés sans récompenses publiques, car à diverses reprises l'Académie des Inscriptions et belles-lettres dans les différents concours ouverts par cette savante compagnie pour les meilleurs ouvrages sur les antiquités nationales, notamment dans les années 1823, 1830, 1834 et 1840, a mentionné honorablement et même a couronné les efforts de M. Jollois.

» Le recueil des mémoires originaux tel qu'il nous a été offert forme quinze portefeuilles que nous allons ouvrir devant vous.

» Le premier renferme tout ce qui est relatif aux antiquités de Gran, du département des Vosges; la description de ces antiquités a été publiée par M. Jollois en 1822, dans le recueil de la commission des antiquités du département des Vosges.

» Toutes les lettres écrites par notre confrère aux antiquaires des localités qu'il avait explorées et même les dessins originaux des planches très-médiocres qui accompagnent le mémoire en question se trouvent réunis au manuscrit autographe de la dissertation de M. Jollois.

» Le portefeuille n° 2 comprend 1° tout ce qui est relatif aux antiquités du Donon, dont la description a paru à Epinal en 1829, aux frais de la Société d'émulation des Vosges, à laquelle M. Jollois appartenait.

» 2° Un mémoire sur les antiquités de Lamerey, même département, mentionné honorablement par l'Académie des Inscriptions et belles lettres, concours de l'année 1823.

» 3° Des notes sur les antiquités de Soulosse, au sujet desquelles on peut consulter utilement l'annuaire du département des Vosges pour l'année 1824.

» 4° Le mémoire autographe sur quelques antiquités remarquables du département des Vosges, publié à Paris en 1843.

» 5° Enfin un appendice à ce mémoire relatif aux objets antiques découverts à Escles, à Dombale, à la mosaïque de Lifol-le-Grand, à une porte de bronze antique, maintenant déposée au musée d'Epinal.

» Le portefeuille n° 4 n'a pas le même intérêt; il renferme des dessins du village de Domrémy et de ses environs, des plans, élévations, et coupes de l'église de ce village et de la maison de Jeanne d'Arc.

» Le portefeuille n° 5 comprend les manuscrits autographes ou copies de l'histoire du siége d'Orléans, histoire qui a mérité à son auteur une mention honorable de l'Académie des Inscriptions et belles lettres et qui a été publiée à Paris en 1833.

» Dans le portefeuille n° 6 nous avons trouvé quelques documents relatifs à l'histoire de Jeanne d'Arc et en outre une collection des portraits de cette héroïne et des gravures des monuments érigés à sa mémoire, dont les plus anciens et les plus intéressants ont été malheureusement détruits. Notre confrère a publié une notice succincte de ces monuments en 1834.

» Le portefeuille n° 7 renferme toutes les lettres et tous les documents émanés en grande partie de M. Robillard et qui concernent le vieil Evreux; le même portefeuille comprend également les antiquités découvertes au moment de l'ouverture du canal de Bourgogne. Il est inutile de vous rappeler, Messieurs, que dans le livre II de la nouvelle série de nos mémoires on trouve la description de la plupart des antiquités recueillies à l'époque de l'établissement de ce canal dans le département de l'Yonne, par M. Robillard, ingénieur en chef chargé des travaux de ce canal.

» Dans le portefeuille n° 8 nous avons rencontré la copie du mémoire de M. Jollois sur les antiquités du département du Loiret, publié à Paris en 1836, et un grand nombre de plans intéressants de Briare et de ses environs, de l'itinéraire de la voie romaine d'Autun à Paris, des notes nombreuses concernant les voies romaines de la Sologne et un certain nombre de lettres autographes émanées de divers savants et notamment de notre confrère M. de La Saussaye, concernant la ville Gallo-Romaine qui a remplacé le *Noviodunum Biturigum*.

» Le portefeuille n° 9 contient les mémoires en partie originaux relatifs aux antiquités du nord et de l'est du département du Loiret et entre autres le manuscrit autographe dans lequel se trouve déterminée la position de *Vellonaudum* et de *Genabum* des Commentaires de César, ainsi que de la ville de Belca des itinéraires anciens, mémoire qui a valu à notre confrère une des trois médailles décernées en 1834 par l'Académie des Inscriptions et belles lettres au concours des antiquités nationales.

» Dans le portefeuille n° 10 nous avons trouvé un assez grand nombre de dessins originaux relatifs aux monuments anciens découverts dans le département du Loiret.

» Le portefeuille n° 11, l'un des plus considérables et des plus variés renferme 1° le mémoire relatif à un coffre qui se voyait dans l'église de Saint-Aignan, à Orléans, lequel a fourni à M. Jollois l'occasion d'une dissertation publiée dans la même ville en 1825.

» 2° Le mémoire sur un ancien cimetière situé à *Gièvres*, localité dans laquelle M. Jollois a reconnu l'emplacement de l'ancienne *Gabris*.

» 3° Un autre mémoire concernant les antiquités découvertes dans le grand cimetière d'Orléans, dont M. Jollois a fait une monographie reconnue excellente par les meilleurs juges, et mentionnée honorablement par l'Académie des Inscriptions et belles lettres au concours des meilleurs ouvrages des antiquités de la France en 1832.

» 4º Le mémoire sur la fontaine de l'Etuvé. Dans le même portefeuille nous avons rencontré des notes très-nombreuses et très-intéressantes sur les tumulus explorés successivement dans le département du Loiret, notamment à Mézières, au Mont-au-Prêtre, à Lion-en-Sullias, à Saint-Cyr-en-Val et sur quelques fouilles faites à Orléans même, des instructions utiles rédigées par M. Jollois sur les recherches archéologiques à poursuivre dans toute l'étendue du département du Loiret, et enfin une correspondance considérable échangée entre les membres de la Société des antiquaires du Loiret, à laquelle notre confrère avait communiqué l'activité qu'il portait dans ses recherches.

» Le portefeuille nº 12 n'offre ni l'attrait ni la variété du précédent; il est rempli en entier par divers brouillons de la lettre qu'a adressée M. Jollois à nos prédécesseurs en 1834 sur l'emplacement du fort des Tournelles de l'ancien pont d'Orléans, et qui a été publiée à Paris dans le cours de la même année.

» Le portefeuille nº 13 renferme une collection assez précieuse des plans de la ville et du pont d'Orléans, du siége de cette ville en 1428, de la ville d'*Avenum*, qui a été réunie plus tard à Orléans.

» Enfin, Messieurs, le portefeuille nº 14, le plus intéressant peut-être en ce moment pour nous et à coup sûr le plus curieux, contient le texte et les dessins originaux du mémoire de M. Jollois sur les antiquités romaines et Gallo-Romaines découvertes à Paris, publié, mais seulement en partie, dans le tome Ier des mémoires présentés par divers savants à l'Académie royale des Inscriptions et belles lettres, mémoire qui a valu à l'auteur la première médaille d'or au concours des ouvrages sur les antiquités de la France en l'année 1840. Notre confrère n'a malheureusement pas assez vécu pour pouvoir mettre à profit les découvertes récentes faites à Paris à l'occasion du percement de nouvelles voies de communication, mais son mémoire, reposant tout entier sur les bases d'une critique aussi éclairée que judicieuse, pourra toujours être utilement consulté par les antiquaires qui s'occuperont du Paris Gallo-Romain.

» Il serait inutile, Messieurs, de mentionner le portefeuille n° 15 et dernier des manuscrits de notre confrère, si nous n'y avions pas retrouvé deux opuscules assez rares de M. l'abbé Greppo relatifs aux autels portatifs dans l'antiquité et aux laraires de l'empereur Sévère Alexandre, qui appartenaient à notre Société, mais non catalogués, sans doute parce que ayant été remis à M. Jollois à l'époque de leur publication pour en faire rapport, ils étaient restés joints à quelques notes insignifiantes relatives à notre Compagnie.

» De l'inventaire sommaire qui précède vous pouvez juger, Messieurs, de l'intérêt que présentent les manuscrits qui viennent de vous être offerts par Mme veuve Jollois. Tous les hommes aiment à conserver les choses qui ont appartenu à leurs proches, à leurs amis, les choses même qu'ils ont portées; une Société comme la nôtre doit tenir à honneur de garder précieusement les manuscrits de ceux qui ont compté dans ses rangs, même les moindres notes, les dessins les moins importants relatifs aux antiquités qu'ils ont été les premiers à recueillir, et à cette occasion, M. Aubert et moi nous émettons le vœu facile à remplir de voir publier prochainement le catalogue des manuscrits de notre bibliothèque, en attendant le jour où l'état de nos finances nous facilitera le moyen de faire imprimer un catalogue systématique des ouvrages imprimés qu'elle renferme.

» En attendant la réalisation de ce double vœu, la Compagnie jugera sans doute convenable de transmettre à la veuve de notre ancien confrère tous ses remerciements à l'occasion du précieux don qu'elle vient de lui faire, car Mme Jollois a dû éprouver un certain serrement de cœur en se séparant des manuscrits d'un homme qui a été le compagnon des plus belles années de sa vie; mais le haut prix que vous attachez à leur possession, le respect que vous montrez pour la mémoire de cet ancien confrère, contribueront sans doute à adoucir le regret qu'a dû éprouver Mme Jollois. »

M. Bulliot, associé correspondant, commence la lecture de son mémoire intitulé — « *Etude sur un ex-voto de la Dea Bibracte trouvé à Autun en 1679.* »

, Séance du 14 Avril.

Présidence de M. DE GUILHERMY, président.

Correspondance.

M. le président donne lecture d'une lettre de faire part qui annonce la mort de M. A. Namur, associé correspondant étranger à Luxembourg (Grand-Duché). La Compagnie témoigne les regrets que lui inspire cet événement.

M. de Longpérier écrit pour transmettre à la Société un cahier d'observations sur le dernier travail de notre regrettable confrère, M. Grésy; cette notice, œuvre de M. Du Plessis de Blois, contient plusieurs critiques sur l'*Inventaire des objets d'art composant la succession* de *Florimond Robertet.* Malgré l'opinion de M. de Longpérier qui n'accepte pas toutes les observations de M. Du Plessis, la Société décide qu'elle entendra la lecture de ce travail.

Travaux.

M. de Witte offre à la Société son ouvrage intitulé : « *Recherches sur les empereurs qui ont régné dans les Gaules au IIIe siècle de l'ère chrétienne.* » Il offre en outre la deuxième livraison du tome Ier de la 5e série de la Revue de la Numismatique belge.

M. Guillaume Rey fait hommage à la Compagnie de son mémoire intitulé : « *Les familles d'Outre-mer de Du Cange.* »

M. Bulliot, associé correspondant, termine la première lecture de son ouvrage intitulé « *Etude sur un ex-voto de la Dea Bibracte trouvé à Autun en 1679* ». La Société décide qu'elle entendra une seconde lecture de ce travail.

M. Egger signale plusieurs découvertes faites pendant le cours des fouilles qui se poursuivent avec activité dans les arènes antiques de Senlis. Entre autres il appelle l'attention sur une inscription grecque gravée sur la base d'une statue, et sur un cachet d'oculiste, en jade, dont la gravure est finement exécutée. M. de Witte annonce qu'il a eu déjà communication de cette inscription et qu'elle est digne d'intérêt.

M. Quicherat donne la seconde lecture de son mémoire intitulé « *D'un peuple Allobrige différent des Allobroges.* » Après quelques observations présentées par MM. Brunet de Presle, Boutaric, Creuly et Chabouillet, la Société décide que ce travail sera renvoyé à la commission des impressions.

Séance du 21 Avril.

Présidence de M. DE GUILHERMY, président.

Correspondance.

M. Alexandre Pinchart, de Bruxelles, écrit pour remercier la Société à l'occasion de sa nomination d'associé correspondant étranger.

Travaux.

M. Boutaric lit, au nom de la commission des impressions, un rapport concluant à la publication du mémoire de M. Quicherat, intitulé « *D'un peuple Allobrige différent des Allobroges* ». La Société consultée adopte les conclusions du rapport et vote l'impression de ce travail dans le prochain volume des mémoires.

M. Quicherat, au nom de M. Read, communique à la Société un morceau d'une pièce d'étoffe trouvée dans une tombe découverte pendant le cours des travaux exécutés par la Ville de Paris autour de l'église Saint-Marcel. Cette pièce d'étoffe couvrait le cadavre sans l'envelopper ; le tissu est de laine grossière, à deux trames et a été probablement fabriqué sur le métier vertical. Au moment de la découverte on y distinguait encore des raies de couleur différente disposées horizontalement. Ces rayures ont disparu au contact de l'air et la couleur est

aujourd'hui uniformément marron foncé. L'extrémité inférieure du tissu se termine par une frange composée des
bouts des fils de la chaîne.

La tombe, en forme de cerceuil, plus large à la tête
qu'aux pieds et dont le couvercle se compose de deux
plans inclinés, est en calcaire fin, très-tendre et taillé
avec une grande précision. Elle était enfouie au-dessous
d'une couche d'ossements et d'une rangée de sépultures en
plâtre, à une profondeur de 2 mètres 40 centimètres, dans
le terrain attenant à la partie conservée de l'église, qui
n'est autre que le bras septentrional du transept.

La tombe ne contenait aucun autre vestige du cadavre
que les cheveux et les poils de la barbe; pas un ossement,
pas même une dent. M. Quicherat pense que cette sépulture remonte au viie siècle et fait observer que pareille
absence de débris humains a été remarquée dans différents
tombeaux découverts en Touraine.

M. Waldemar Schmidt, associé étranger, présent à la
séance, déclare qu'il a constaté, en Danemarck, à l'ouverture de tombeaux anciens, la présence d'étoffes tout à fait
analogues.

M. de la Villegille fait passer sous les yeux de ses confrères un vase romain en terre cuite trouvé à environ cin-
quante centimètres de profondeur dans un champ de son
domaine de Dangé, situé commune de Paudy, arrondissement d'Issoudun (Indre). Ce vase, en terre jaune,
à deux anses et à col allongé, était rempli d'une terre noi-
râtre dont on rencontrait de nombreuses traces dans le
voisinage. Les environs du lieu de la découverte ont offert
une grande quantité de fragments de poterie et des débris
d'ossements réduits en très-petites parcelles. A trois ou
quatre cents mètres du point où le vase a été trouvé il
existe de nombreux fragments de tuiles à rebords qui semblent indiquer l'emplacement d'anciennes constructions. Un
vieux fermier affirmait qu'on avait trouvé autrefois en cet
endroit un *petit saint* en cuivre qui avait été perdu.

M. Huillard-Bréholles donne la seconde lecture du travail

inachevé de M. Bourquelot et de la note explicative qu'il s'était chargé de rédiger. Après une discussion relative à divers passages, à laquelle prennent part MM. de Guilhermy, Le Blant, Boutaric, Quicherat, Chabouillet et de Barthélemy, la Société décide le renvoi à la commission des impressions.

Séance du 5 Mai.

Présidence de M. DE GUILHERMY, président.

Correspondance.

M. le président donne lecture d'une lettre adressée par M. Penon, conservateur du musée des antiques à Marseille, qui sollicite le titre d'associé correspondant national. Les présentateurs sont MM. Chabouillet et de Barthélemy. La commission chargée d'examiner cette candidature se composera de MM. Marion, Mabille et Wescher.

M. Alexandre Hahn, à Luzarches, écrit pour poser sa candidature au même titre : ses présentateurs sont MM. Boutaric et Mabille. MM. Michelant, Quicherat et Le Blant sont désignés pour former la commission chargée de faire un rapport sur cette demande.

Travaux.

M. de Lasteyrie offre à la Compagnie une brochure intitulée : *Essai de restitution d'un des boucliers Daces représentés sur les bas-reliefs de la colonne Trajane.* La décoration de ce bouclier présente le mélange des éléments de l'art classique et du style barbare. On y retrouve les guirlandes de lauriers, les palmettes, accompagnées d'ornements composés d'un réseau de triangles et de quadrilatères irréguliers absolument semblable au cloisonnage qui décore les pièces d'orfèvreries à incrustations de grenats.

M. Quicherat partage l'opinion de M. de Lasteyrie, seulement il propose de remplacer le métal doré qui forme le fond du bouclier restitué, par un fond en cuir peint, et peint très-probablement en bleu, car à cette époque le pastel était très-commun. M. de Lasteyrie admet la modification proposée par M. Quicherat.

M. Quicherat communique le dessin d'une arme trouvée dans le Doubs, près des moulins d'Aranthon, commune d'Osselle. C'est un fer de lance, en forme de carrelet, très-aigu et long d'un mètre y compris la douille. M. Castan, qui a envoyé le dessin, pense que c'est une arme du moyen-âge; M. Quicherat partage cette opinion.

Il est donné lecture de la notice envoyée par M. Beaune, associé correspondant à Dijon. Ce travail est intitulé : *Du régime des mines dans le duché de Bourgogne au XV* siècle.* Après quelques observations présentées par MM. Creuly, Marion et Quicherat au sujet d'un personnage cité dans la notice, Jehan de Lawerta, dit Darroca, la Société décide qu'elle entendra une seconde lecture du mémoire de M. Beaune.

M. Nicard lit la note suivante au sujet de l'endroit où fut livrée la bataille de Divicus contre L. Cassius :

« Il n'est pas douteux aujourd'hui, que cette importante bataille à la suite de laquelle les Romains, commandés par le consul L. Cassius, furent obligés de passer sous le joug, n'ait été livrée loin des frontières de l'Helvétie ; tout se réunit pour le prouver, car les meilleures leçons du texte de Tite Live adoptées par Jahn Wissenhorn, portent textuellement Liv. Epit. 65... *L. Cassius consul. a Tigurinis Gallis pago Helvetiorum, qui a civitate successerant, in finibus* Nitiobrigum *cum exercitu cæsus est ; milites, qui in ea clade superaverunt obsidibus datis et dimidia rerum omnium parte, ut incolumes dimitterentur cum hostibus pacti sunt,* la leçon *Allobrogum* ne se trouve que dans le manuscrit sur lequel l'*editio princeps* de Tite Live, publiée à Rome, a été donnée, mais ce manuscrit est assez récent et fourmille de mauvaises leçons. Cependant quelques historiens modernes et notamment l'auteur de la Vie de César, tome II, p.   n'hésite pas à dire : il est peu probable que l'action ait eut lieu au nord de la. Garonne, mais qu'y a t-il donc d'impossible à ce qu'elle se soit passée loin du pagus des Tigurins et pourquoi la leçon d'un manuscrit unique, reconnue comme fautive, serait-elle préférée à celle des manuscrits les plus estimés.

« César, en parlant des Helvètes appartenant au *pagus Tigurensis,* se contente de dire : *quum domo exisset,* patrum nostrorum memoria, L. Cassium consulem *interfecerat, et ejus exercitum sub jugum miserat,* dans cette entreprise heureusement poursuivie, loin de leur pays, non par tous les Helvètes, mais seulement par les habitants du *pagus,* l'armée romaine avait été entièrement défaite. César ajoute que par l'effet du hasard ou par la volonté des Dieux ceux des Helvètes qui avaient porté un coup si cruel au peuple Romain, avaient été les premiers à en porter la peine. Dans cette vengeance publique, César vengeait une injure personnelle, car l'aïeul de son beau-père L. Pison, lieutenant de Cassius, avait été tué par les Tigurins dans le combat. Divicus, dans le discours que César lui prête, se contente de rappeler la valeur de ses compatriotes et la défaite des armées Romaines ; mais ni Divicus ni César ne mentionnent l'endroit où la défaite des Romains avait eu lieu. Cependant en lisant avec une attention suffisante le texte même de la guerre des Gaules, liv.   , il est permis de conclure que les Helvètes ne sortaient pas pour la première fois de leur pays. Voici en effet le passage en question : *Cæsari denuntiatur Helvetiis esse in animo, per agrum Sequanorum et Æduorum iter in Santonum fines facere, qui non longe a Tolosatium finibus absunt, quæ civitas et in Provincia;* que voulaient les Helvètes ? ils voulaient se diriger vers les Santones, peuple voisin de Toulouse, ville de la province Romaine ; mais n'était-ce pas parce qu'ils avaient conservé le souvenir d'une première expédition dans le même pays, entreprise alors non par tous les Helvètes mais seulement par les habitants du *pagus Tigurensis,* et que cette fois ils voulaient renouveler avec toutes leurs forces. Ce à quoi ils étaient encouragés vivement par Orgetorix, le plus distingué d'entre eux, lequel leur disait que la supériorité du courage leur assurerait aisément la supériorité de toute la Gaule ; ils se laissèrent facilement persuader parce qu'ils n'avaient pas oublié la victoire importante qu'ils avaient remportée sur Cassius sur le territoire du même peuple. Resserrés en effet, d'un côté par le Rhin, de l'autre par le Jura, d'un troisième côté par le lac Léman et le Rhône, ils ne pouvaient s'étendre au loin ni porter facilement la guerre chez leurs voisins et cette situation affligeait vivement ce peuple belliqueux. César n'a pas oublié de dire que leur population nombreuse, le sentiment de leur courage, la gloire de leurs armes, leur rendaient trop étroit le pays qu'ils habitaient et par les mots *pro gloria belli*, employés par César, il ne faut pas douter qu'en sa qualité de Romain il n'aimait pas à rappeler la défaite de ses compatriotes. Le même historien fait allusion à la victoire signalée remportée par les Helvètes sur ses compatriotes à quelques pas de Toulouse où ils voulaient retourner, *in Santonum fines, qui non longe a Tolosatium finibus absunt* où ils avaient été en partie *quum domo exisset.* Qu'y a-t-il d'impossible, d'extraordinaire à ce que les habitants du *pagus Tigurinus* aient précédemment envahi une partie des Gaules. Nous sommes habitués il est vrai depuis longtemps à placer la victoire de ce peuple chez les Allobroges, mais uniquement sur la foi d'un manuscrit fautif. A l'autorité de Jean de Muller qui en effet, mentionne le pays des Allobroges comme le lieu où Divicus vainquit les Romains, et de quelques autres historiens Suisses qui n'ont fait que répéter ce que Muller avait dit, ne pourrions-nous pas opposer celle de Mommsen qui, dans la troisième édition de son histoire Romaine, t. II, p. 171, n'hésite pas à placer la même action militaire sur les bords de la Garonne ; nous ne possédons plus le livre 65 de Tite Live, mais la phrase *qui a civitate secesserant* de l'Epitome du même livre qui nous est parvenue n'indique-t-elle pas que la bataille a eu lieu loin du *pagus Tigurinus* ? Si elle eût été livrée *in finibus Allobrogum* qui touchaient à l'Helvétie, l'Epitome aurait-il employé les mots *qui a civitate secesserant.* Les Tigurins habitaient un pays très-fertile, considérablement peuplé, et qui, dès cette époque comme de nos jours au surplus, forme le canton le plus riche de l'Helvétie. En effet, les Helvètes, peu de temps avant l'arrivée de César dans les Gaules, n'avaient pas hésité à livrer aux flammes douze de leurs *oppida,* 400 bourgs *vicos,* et toutes leurs habitations particulières, *privata edificia,* semées partout, sur les montagnes, dans les vallées, luttant chaque jour avec les Germains, soit pour les repousser, soit pour pénétrer chez eux. N'appartenaient-ils pas à la grande nation Celtique et leur était-il donc bien difficile de rencontrer dans leurs annales, des exemples d'invasions semblables, bien autrement redoutables, bien autrement éloignées ; les Gaulois n'avaient-ils pas occupé Rome elle-même et brûlé le temple de Delphes. »

On commence lecture du travail de M. Du Plessis, de Blois, qui présente quelques critiques sur le Mémoire de feu M. Grésy intitulé *Inventaire des objets d'art composant la succession de Florimond Robertet.*

Séance du 12 Mai.

Présidence de M. DE GUILHERMY, président.

M. de Barthélemy dépose un manuscrit de M. Courajod, sous pli cacheté, destiné à être conservé dans les archives de la Compagnie et à être ouvert seulement sur la demande de l'auteur. La Société accepte ce dépôt.

Correspondance.

M. le président annonce la mort de M. Frédéric Caillaud, conservateur du muséum à Nantes, connu par ses voyages dans l'Afrique centrale et correspondant de la Société depuis 1830. La Compagnie s'associe aux regrets exprimés par M. le président.

Travaux.

M. Prost, associé correspondant à Metz, présent à la séance, offre à la Compagnie deux notices qu'il vient de publier, la première sur Claudius Cantiuncula, jurisconsulte messin du xvi⁰ siècle, la deuxième sur Eugène Gandar, professeur à la Faculté des lettres de Paris.

M. Quicherat fait passer sous les yeux de la Société le moulage d'une figurine en bronze appartenant au musée de Douai. Cette figurine, trouvée à Bavay, est d'un beau travail; elle remonte à l'époque du haut Empire, représente un personnage dont le type paraît être scythique ou hunnique et a peut-être servi de peson à une balance romaine. Le front est déprimé, les pommettes sont saillantes, les oreilles démesurées et très détachées; la tête, en partie rasée, est couronnée d'une torsade de cheveux roulée sur le sommet du crâne. M. Quicherat fait remarquer que les anciens se sont plu souvent à représenter des types appartenant à des nations étrangères et cite à ce propos une statuette communiquée naguère à la Société par M. de Longpérier.

Il est donné lecture de la fin du travail de M. Du Plessis de Blois contenant des observations critiques relatives au mémoire de M. Grésy sur les objets d'art composant la succession de Florimond Robertet.

M. Mabille présente des observations pour rectifier une assertion erronnée de M. Du Plessis au sujet de la famille Gaillard de Longjumeau à laquelle appartenait la femme de Florimond Robertet.

M. Chabouillet relève une autre erreur de M. Du Plessis qui suppose que le médaillon de Robertet a été frappé, et en conteste l'authenticité. Ce médaillon modelé d'abord en cire, puis fondu et ciselé, selon les procédés en usage pour les objets de ce genre, est évidemment authentique et de l'année 1512 environ:

Après une discussion à laquelle prennent part MM. Quicherat, Chabouillet, Pol Nicard, Boutaric et de Montaiglon, la Société décide que le travail de M. Du Plessis et la savante notice de M. Mabille seront renvoyés à la commission des impressions.

M. de Montaiglon fait la communication suivante :

« On a remarqué à l'Exposition universelle, dans les galeries de l'histoire du travail, une ancienne châsse du xv⁰ siècle entièrement en bois sculpté et peint représentant des sujets de la légende de saint Bohaire. Elle provenait de l'église d'un petit village de Saint-Bohaire près de Blois, dont le nom s'écrit toujours de cette façon, mais que les paysans prononcent plutôt Bouère. Quoiqu'ancienne l'église a été trop mutilée et trop remaniée pour offrir beaucoup d'intérêt ; elle renferme cependant deux tombes en pierre blanche. L'une est du dernier siècle et je n'en parlerais pas si elle n'était cachée sous l'emmarchement en bois d'un autel qu'il faut déplacer pour la voir. En voici l'inscription : *Icy repose messire Boilleve-d'Arbonne, seigneur de Saint-Bohaire — et de Fossé. Il étoit le père des pavures (sic.)* — 1778. Au dessous sont gravées ses armes dans un écusson complètement rond accompagné de deux rameaux ; aux 1 et 4 d'azur à un chevron surmonté de trois roses en chef, au 2 et 3 d'azur à une croix entourée de quatre fleurs de lis ; la partie inférieure de la pierre est nue.

« L'autre tombe, maintenant en dehors de l'église près de la porte, et sur l'emplacement du bas côté droit démoli, est plus curieuse. C'est une pierre très-dure d'un bleu gris, moins longue que le corps, un peu plus large à la tête qu'aux pieds, entourée d'un double filet et sans aucune inscription. Tout le milieu est occupé par diverses figures, au premier abord purement géométriques, mais que l'on reconnaît bientôt pour des instruments d'agriculture. Ce sont, en allant de la tête aux pieds, le fer à meule que l'on appelle en blason anille ou fer à moulin, le versoir triangulaire de la charrue, un soc ou coutre plus étroit et accompagné d'une partie informe de manche, et à côté de celui-ci la clavette, en forme de petit battoir renversé, qui se met dans le manche de la charrue. Par là, et l'on en pourrait citer d'autres exemples, on peut conclure que c'est la tombe d'un laboureur ou plutôt d'un meunier, car les bords des bras nombreux de la Lisse qui passent au pied de l'église sont encore couverts de moulins à eau dont les noms, comme on le peut voir dans les cartes de Cassini ou du Dépôt de la guerre, sont anciens. Ces dessins sont fort simples et de la dernière barbarie, si bien qu'ils pourraient être de n'importe quelle époque. Mais, malgré la forme de la pierre, comme on connaît la persistance traditionnelle des formes anciennes dans les localités écartées, je ne crois pas qu'il faille faire remonter cette tombe plus haut que le xvie siècle. Les moulins auparavant étaient surtout des propriétés seigneuriales, et ce n'est que vers cette époque que le meunier lui-même a pu être personnellement assez riche et assez important pour avoir le moyen et le droit d'être enterré à l'intérieur de l'église, même sans qu'on y mît d'inscription.

« Enfin sur la colline qui s'élève en face de l'édifice se trouve une maison de campagne rebâtie il y a une quinzaine d'années par M. Léon Noël et qui continue de porter l'ancien nom seigneurial de *Logis*. Les caves et les fondations qui subsistaient seules et sur lesquelles elle a été reconstruite sont anciennes, et l'escalier à vis qui dessert les deux étages de caves paraît remonter à la fin du xve siècle ou au xvie; mais le lieu a été habité beaucoup plus anciennement. Dans les terrassements nécessités par les travaux pour refaire le jardin on a trouvé un exemplaire particulièrement bien conservé d'une pièce d'argent carlovingienne avec la légende bien connue : *Carlus rex Fr.* et au revers *Civitas Aurelianis*. La présence d'une source abondante enfermée dans les caves et dont le réservoir placé à l'étage supérieur se trouve ainsi porter sur une des voûtes de l'autre, a dû être de tout temps une raison déterminante pour habiter ce point, ainsi pourvu par la nature, et l'on en a une autre preuve bien importante, car l'on y a trouvé un cercueil de pierre dure de l'époque mérovingienne, en forme d'auge, très-large à la tête, relativement très-étroit au pied et, comme dimension, d'une grandeur peu ordinaire. Le cadavre était à peu près disparu, mais il y restait des fragments d'armes de fer tellement rongés par la rouille qu'ils n'ont pu être conservés et qu'ils étaient tout à fait méconnaissables. Mais l'on y a trouvé en même temps une grosse bague d'argent que je mets sous les yeux de la Société.

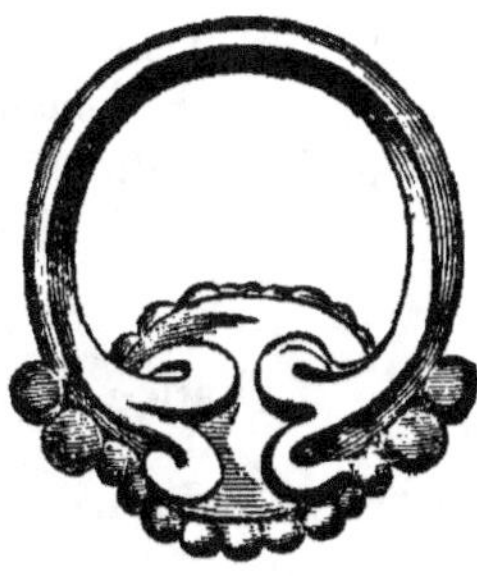

« Elle est particulièrement curieuse en ce qu'étant d'un métal peu précieux, elle est tout à fait dans le goût des plus belles bagues d'or pur, dont elle imite tout à fait la forme et le goût ; on y retrouve par devant les trois points caractéristiques et, derrière le châton, le double ornement recourbé qui se retrouve sur les bagues d'or et notamment sur celle possédée par M. Fillon, et qu'on a attribuée à tort à sainte Radegonde. La bague d'argent de Saint-Bohaire, comme l'auge où elle a été trouvée, me paraît donc devoir être reportée au vi^e ou au viie siècle. Il faut ajouter cette particularité curieuse que la bague est décorée d'une pierre gravée antique et, la bague elle-même étant très-bien conservée, que cette intaille, peu importante d'ailleurs, est très-usée. Elle n'a pas pu l'être dans le tombeau par l'action du temps ; elle l'était donc déjà quand l'orfèvre mérovingien l'a sertie à nouveau dans une bague, et elle avait déjà figuré au doigt d'un ou même de plusieurs Gallo-Romains. L'état d'usure de cette petite intaille ferait croire au premier abord à un Amour enfant, mais un examen prolongé montre que c'est plutôt un très-jeune homme portant d'une main une palme et de l'autre un très-petit bouclier ou peut-être un grand palet. Dans tous les cas cette indication d'un lieu habité à ces époques reculées par un personnage déjà riche, et surtout ce fait de l'imitation en argent des bagues d'or, m'ont paru devoir vous être signalés. »

M. Pol Nicard propose la lecture d'un travail de notre savant confrère, M. Vallet de Viriville: Ce travail est intitulé « *Histoire de Paris sous la domination anglaise, 1420-1436.* » La Société décide qu'elle en entendra la lecture:

Séance du 19 Mai.

Présidence de M. de Guilhermy, président.

Correspondance.

M. Georges Rohault de Fleury fait hommage à la Société de son ouvrage intitulé « *Les monuments de Pise au moyen-âge.* »

M. Allmer, associé correspondant à Lyon, envoie la transcription d'un certain nombre d'inscriptions. M. Egger se charge d'examiner cette communication et de faire un rapport, dont il donnera lecture à la plus prochaine séance.

Travaux.

M. Heuzey offre à la Compagnie, de la part de M. Morin, architecte, une photographie exécutée d'après un chapiteau romain encastré dans les substructions de l'une des tours du *castrum* de Jublains. M. Heuzey, à la séance du 18 novembre dernier, avait déjà entretenu la Société de la découverte de ce morceau de sculpture.

M. Quicherat, au nom de M. l'abbé Baudry, associé correspondant, au Bernard (Vendée), communique à la Société le dessin d'une custode trouvée au milieu de divers objets provenant de l'église Saint-Michel-en-Lherm. Cette custode, en cuivre, autrefois doré, appartient à la fin du xiiie siècle; elle est décorée de médaillons circulaires au milieu desquels est inscrit le chiffre du Christ, et les médaillons sont reliés entre eux par des rinceaux délicats tracés à la pointe.

M. Heuzey fait passer sous les yeux de ses confrères une petite tête sculptée, trouvée à Salonique (Macédoine), et offrant le type de la race africaine. M. Heuzey fait cette communication afin de corroborer l'opinion émise par M. Quicherat à la séance du 12 mai dernier, lorsque, présentant à la Société le moulage d'une figurine en bronze du musée de Douai, il disait que les anciens s'étaient plu souvent à donner par la statuaire la représentation de types appartenant aux nations étrangères.

Il est donné une seconde lecture du travail de M. Henri Beaune, associé correspondant à Dijon, dans lequel l'auteur examine le régime des mines dans le duché de Bourgogne au xve siècle. M. Beaune a recueilli le texte inédit suivant dans le 2e registre du greffe de la Chambre des comptes de Dijon (année 1448), folio 38, qui est conservé aux archives départementales de la Côte-d'Or :

Mondict seigneur par ses lettres patentes scellées de son grant scel de cire vermeille á simple queue données à Bruxelles le 12e jour de mars l'an mil CCCC XLVIII, a octroyé, consenti et donne congié et licence à Jehan de Lawerta dit Darvoca [1], *et à ses compaignons en ce faict, que tant par eulx comme par leurs gens, serviteurs et commiz, ilz puissent querir et cherchier les mines d'or, d'argent, d'azur, de plomb et aultres métaulx par tous les lieux et places où ils les sçauront estre en duchié et terre de Bourgongne et conté de Charollois, placitement et soubz les modifications contenues et déclairées ezdictes lettres, la copie desquelles est en la lyace des lettres patentes de mondict seigneur.*

« Quelles étaient, ajoute M. Beaune, les conditions du privilége ? Elles se réduisaient à deux, précisément celles que le code Théodosien avait édictées pour l'empire romain, que Dagobert Ier avait maintenues en France, que Charlemagne

---

1. M. Beaune a déjà communiqué au Comité impérial des travaux historiques une notice sur ce personnage dont le véritable nom était *Jean de la Huerta* (note de la Com. des impr.).

avait formellement consacrées et que l'ordonnance de Charles VI avait enfin de nouveau imposées aux ouvriers et extracteurs.

« La première consistait à « récompenser raisonnablement ceulx auxquelz appartiendront les héritaiges où seront treuvées les dittes mines, au dit et ordonnances des bailliz. » La seconde à « verser chaque année au duc la dixiesme partie de tout l'or, l'argent, l'azur, plomb et aultres métaulx franchement tout affiné et sans frais. »

« Ces dispositions méritent d'être remarquées. Non-seulement elles nous rappellent que, simple apanagiste, le duc de Bourgogne était néanmoins investi de tous les droits régaliens; qu'il allait même plus loin et prétendait en ce qui concernait les mines à un droit domanial : mais encore elles prouvent l'existence au xv⁰ siècle de véritables sociétés industrielles, pourvues de concessions régulières et de priviléges spéciaux, et entreprenant sur une vaste échelle des travaux dont l'initiative semblait être alors abandonnée au propriétaire, à l'individu. Jehan de Lawerta, chef de la Société minière de Bourgogne, — qu'on nous pardonne cette qualification plus en harmonie avec le fait qu'avec le langage du temps, — était évidemment étranger au duché, peut-être flamand d'origine (on n'a pas oublié qu'il obtint son privilége à Bruxelles), et recevait la concession ducale non seulement pour lui-même, mais pour ses compagnons et *successeurs*. Le mot est prononcé dans le cours des lettres patentes et doit être relevé. Enfin, elles nous montrent la tendance à l'unité qui se manifestait dès cette époque, dans la législation du royaume et de ses grands fiefs, puisque l'ordonnance de Philippe le Bon est sans aucun doute inspirée par celle de Charles VI. Il serait curieux d'en rapprocher les textes, et de comparer leurs dispositions communes avec celles de l'édit rendu par Louis XI en septembre 1471 à Montil-lez-Tours, sur le même objet. On pourrait même se demander si le privilége accordé à Jehan de Lawerta n'a pas été le germe de la concession faite en 1514 pour les mines d'argent du Nivernais et de la Bourgogne, et plus tard de celle dont le sieur de Roberval fut investi en 1548, pour toutes les mines du royaume. »

La seconde lecture du mémoire de M. Bulliot, associé correspondant à Autun, sur la *Dea Bibracte* est ensuite commencée. La première partie de ce travail donne lieu à diverses observations présentées par MM. Egger, Huillard-Bréholles, Chabouillet, Pol Nicard, Robert et Brunet de Presle.

Séance du 2 Juin.

Présidence de M; DE GUILHERMY, président.

Travaux.

M. de Linas, associé correspondant à Arras, offre à la Compagnie un exemplaire d'un ouvrage qu'il vient de publier sous le titre de « *Les casques de Falaise et d'Amfreville-sous-les-monts (Normandie)*.

M. Ch. Robert, membre résidant, offre à la Société les deux premiers fascicules de la première partie d'un travail intitulé « *État actuel de la numismatique de Toul.* »

M. Egger offre à son tour l'*Annuaire de l'association pour l'encouragement des études grecques, troisième année*, il prononce ensuite quelques paroles en faveur de cette association dont il fait valoir les bienfaits et qu'il recommande à tous ceux qui étudient cette branche de la science.

M. Heuzey lit un rapport au nom de la commission chargée d'examiner la candidature de M. de la Nicollière. On procède au scrutin et M. de La Nicollière, ayant réuni le nombre de suffrages exigé par le réglement, est proclamé associé correspondant national, à Nantes.

M. L. Rénier donne lecture d'une communication de M. Allmer, relative à des inscriptions antiques, et présente des observations sur chacune d'elles. M. L. Rénier se charge d'écrire à M. Allmer, afin qu'il vérifie de nouveau les inscriptions d'après ses indications. La Société décide que la communication sera publiée dans le Bulletin.

M. L. Rénier communique à la Société la nouvelle d'une découverte importante qui vient d'être faite à Rome, sur le Mont-Palatin. C'est là un des plus remarquables résultats des fouilles qui y sont poursuivies avec autant d'habileté que de science par M. Pietro Rosa, au nom et aux dépens de l'Empereur. Entre le palais de Tibère et le temple de Jupiter vainqueur, M. Rosa a retrouvé presque intact un palais qui doit avoir appartenu à l'une des grandes familles de Rome et qui a dû cesser d'être habité depuis le temps d'Auguste. Les salles en ont été voûtées, puis remplies de décombres, et les constructions ainsi préparées ont servi de fondation aux édifices élevés à partir du règne de Tibère.

M. Rosa a d'abord pénétré dans deux grandes salles donnant l'une dans l'autre ; les murs de ces salles sont couverts de peintures. Dans la première, qui était probablement un vestibule, ces peintures sont simplement décoratives comme à Pompéï ou à Herculanum ; mais dans la seconde salle ce sont de véritables tableaux exécutés avec toutes les ressources de l'art, c'est-à-dire avec la dégradation des tons et l'emploi du clair obscur, procédés que l'on n'avait pas encore constatés dans les peintures antiques.

L'un des grands panneaux de cette seconde salle est occupé par la fuite de Galathée. Galathée montée sur un cheval marin, quitte le rivage et gagne la haute mer ; Polyphême, a demi caché derrière une haute falaise, se montre armé du bloc de rocher qu'il se prépare à lancer sur le malheureux Acis. Le second grand panneau représente Io, Argus et Mercure. Les personnages de ces tableaux ont 0^m 90 c. de hauteur ; dimension qui a permis à l'artiste d'étudier et de rendre les détails.

Sur le mur, en face de la porte qui donne accès de la première à la seconde salle, et pour lui servir de pendant, le peintre a représenté une fenêtre ouverte qui laisse voir une rue bordée de belles maisons. Cette rue est le théâtre d'une scène qui donne un nouvel intérêt à la découverte, car elle est tout à fait en dehors des données mythologiques le plus ordinairement suivies par l'art antique ; c'est une scène de la vie habituelle.

De l'une des maisons, sort une jeune femme en habits de fête, couronnée de fleurs, tenant d'une main un bouquet, faisant de l'autre le geste de repousser un obstacle et semblant marcher avec précipitation ; derrière elle et sortant de la même porte, paraît une jeune fille portant une grande corbeille de fleurs. Au balcon de la même maison, deux femmes en costume d'intérieur semblent regarder avec sollicitude la jeune personne qui marche dans la rue. Au balcon de la maison située en face, de l'autre côté de la rue, deux personnages, un homme et une femme placée derrière lui, suivent des yeux la jeune femme couronnée de fleurs.

Cet épisode peint avec la même habileté que les autres tableaux, est le premier exemple d'une manière qu'on pourrait appeler peinture de genre.

Les petits panneaux de cette salle magnifique sont ornés de sujets divers, parmi lesquels M. Rosa signale les préparatifs d'un sacrifice,

M. Rosa a fait aussitôt le voyage de Naples, non-seulement pour revoir les peintures d'Herculanum et de Pompéï et les comparer avec celles qu'il vient de mettre au jour, mais aussi pour consulter M. Fiorelli sur les meilleurs moyens de conserver ce précieux trésor. M. Rosa a rapporté de son excursion la certitude que jamais, jusqu'ici, on n'a rien trouvé qui pût être comparé aux peintures du palais du mont Palatin. C'est aussi l'opinion de MM. de Rossi, Henzen, et de M. Hector Leroux, peintre de l'école française de Rome, qui s'est chargé de faire les copies scrupuleuses des tableaux retrouvés.

Dans une dernière lettre, datant à peine de quelques jours, M. Rosa annonce qu'il a découvert deux nouvelles salles, mais le temps lui manque pour les décrire ; il enverra à M. L. Rénier les photographies et les dessins de toutes ces peintures, et M. Rénier ajoute qu'il se fera un plaisir de les communiquer à la Société.

M. de Montaiglon, à propos de ce palais servant de substructions à de nouveaux édifices superposés, rappelle que pendant le cours de réparations et d'agrandissements exécutés au palais de Saint-Cloud, au xviiie siècle, on avait rencontré sous un corridor souterrain conduisant aux cuisines, une maison de paysan à demi écrasée et qui contenait encore des meubles, tables et chaises, écrasés aussi. On avait construit sans prendre la peine de démolir et de déménager.

Séance du 9 Juin.

Présidence de M. DE GUILHERMY, président.

Correspondance.

M. Mossmann, associé correspondant à Colmar, adresse un mémoire intitulé « *Un chef de bande après les guerres de Bourgogne* » et un exemplaire d'une notice qu'il vient de publier. Ce travail a pour titre « *Contestation de Colmar avec la cour de France, 1641-1644.* »

M. L. Courajod offre à la Société un exemplaire de son ouvrage intitulé « *Monasticon Gallicanum* ».

Travaux.

M. Chabouillet, au nom de la Commission des fonds, donne lecture d'un rapport sur la comptabilité de l'année 1868, qui conclut à l'acceptation des comptes et à la décharge de M. le Trésorier. La Société adopte les conclusions du rapport et vote des remerciements à M. de La Villegille.

M. Peigné-Delacourt, associé correspondant, fait passer sous les yeux de la Société un bracelet en jayet qu'il attribue au iiie ou au ive siècle. Ce bracelet a été trouvé en 1789 par M. de Brimont, en un lieu nommé Le Cran de Brimont, situé à 4 kilomètres de la route de Reims à Neufchâtel. Cet objet était renfermé dans un cercueil de plomb qui contenait en outre des monnaies et des figurines. Le cercueil a été fondu pour fabriquer des balles à l'époque révolutionnaire, mais M. de Brimont avait fait faire les dessins de tous les objets découverts.

M. Pol Nicard termine la lecture du mémoire de M. Keller sur les *monuments helvétiques* et communique les plans de divers refuges celtiques établis sur les montagnes.

Séance du 16 Juin.

Présidence de M. DE GUILHERMY, président.

Correspondance.

M. Ed. Flouest, procureur impérial à Nîmes, sollicite le titre d'associé-correspondant national : il adresse à l'appui de sa candidature une notice sur le camp de Chassey (Saône-et-Loire). Les présentateurs de M. Flouest sont MM. de Barthélemy et de Guilhermy. MM. Marion, Quicherat et Guérin sont désignés pour former la Commission chargée de faire un rapport sur cette candidature.

Travaux.

M. Cocheris continue la seconde lecture du mémoire de M. Bulliot sur la *Dea Bibracte.* — Des observations sont présentées par plusieurs membres.

M. Read communique un sceau en bronze appartenant à M. Dubarle, conseiller à la Cour impériale : le type représente un avant-bras posé en fasce sous un disque de fort relief : la légende est S. IEFROI LE CHAPELIER D'BONET (*Scel Jefroi le Chapelier dit Bonnet*).

M. Pol Nicard commence la lecture d'un mémoire de feu Vallet de Viriville intitulé : *Histoire de Paris sous la domination des Anglais, de 1420 à 1430.*

Séance du 7 Juillet.

Présidence de M. DE GUILHERMY, président.

Travaux.

M. de Barthélemy fait connaître que d'après une lettre

reçue de M. Lecointre-Dupont, associé-correspondant, une découverte intéressante a été faite à Poitiers tout récemment. On aurait trouvé auprès de l'ancien mur d'enceinte, dans les terrains de l'abbatiale de Sainte-Croix, occupés naguère par l'évêché et aujourd'hui par une maison de santé, deux pieds de cheval en bronze doré, plus forts que nature. On fait en ce moment des recherches pour trouver de nouveaux débris de la statue équestre dont ces fragments devaient faire partie. Si les fouilles donnent un résultat, M. Lecointre-Dupont en informera la Société.

Il est donné lecture d'un mémoire de M. Mossmann, associé correspondant à Colmar, intitulé : *Un chef de bande après les guerres de Bourgogne.*

M. Pol Nicard continue la lecture du mémoire de feu notre confrère Vallet de Viriville, sur l'histoire de Paris sous la domination anglaise.

Séance du 14 Juillet.

Présidence de M. DE GUILHERMY, président.

Correspondance.

La Société des Antiquaires du Centre, siégeant à Bourges, demande l'échange avec les publications de la Compagnie, et envoie les deux premiers volumes de ses mémoires.

Travaux.

M. Pol Nicard achève la lecture du mémoire de M. Mossmann, intitulé: *Un chef de bande après les guerres de Bourgogne.*

Séance du 20 Juillet.

Présidence de M. DE GUILHERMY, président.

Travaux.

M. Boutaric lit au nom de la Commission des impressions

un rapport sur le mémoire de M. Aubert, intitulé : *Inventaire des reliquaires de l'abbaye de Saint-Maurice d'Agaune*. Il est procédé au scrutin, et conformément aux conclusions du rapporteur, il est décidé que le travail de M. Aubert sera publié dans les Mémoires de la Compagnie.

M. Dumont, associé-correspondant à Saint-Mihiel, fait connaître la découverte d'une pierre tumulaire dans un champ situé sur le territoire de Bannoncourt, à quelques mètres de la route de Saint-Mihiel à Verdun, entre les villages de Bannoncourt et de Woimbey, et où l'on rencontre fréquemment des tombeaux en pierre renfermant des squelettes.

Les sculptures gravées au simple trait sur cette pierre qui a 2 mètres de longueur, paraissent remonter à l'époque carolingienne.

Cette pierre est bombée d'environ 10 centimètres; la bande médiane en a deux; le dessous est plat et brut. La partie supérieure brisée laisse apercevoir deux figures humaines. Il semble que cette brisure soit du fait des violateurs du tombeau, qui, à une époque ancienne, ont cherché les objets précieux qui pouvaient s'y trouver.

M. Pol Nicard lit la traduction d'une lettre publiée dans la *Gazette d'Augsbourg*, adressée à M. Desor par M. le baron Karl von Estorff, et relative aux monuments mégalithiques : il y est principalement question des monuments observés en Afrique, aux environs de l'Atlas, et de la classification géographique proposée par M. Alex. Bertrand.

Séance du 6 Octobre.

Présidence de M. Cocheris, 1er vice-président.

Travaux.

M. H. Beaune, associé-correspondant à Dijon, adresse la copie de deux inscriptions récemment découvertes à Bourbonne-les-Bains (Haute-Marne). La Société décide la publication de ces deux monuments épigraphiques dont le texte a été définitivement fixé d'après des estampages envoyés à la Commission de la topographie des Gaules.

« Le 10 juillet 1869, écrit M. Beaune, dans des fouilles faites à Bourbonne-les-Bains, pour la construction d'un aqueduc collecteur, on a découvert un autel votif en l'honneur de *Borvo,* divinité protectrice des sources thermales.

« Cet autel quadrangulaire, haut de 1 mètre 35, est en calcaire oolitique. La corniche ornée de moulures comme le socle porte les traces de trois scellements.

« Sur l'une des faces, dans un encadrement, se lit l'inscription suivante :

(*Augusto Borvoni Caius Valentinus Censorinus, Mulli filius, ex-voto.*)

« Le 13 août, on découvrait au même lieu un autel presque semblable en grès bigarré et d'une hauteur de 1 mètre 37. La corniche porte la trace de quatre scellements. On y lit :

BORVONI
ET·DAMON
IVL·TIBERIA
CORISILLA
CLAVD·CATONIS
LING
V · S ' L · M

(*Borvoni et Damonae Julia Tiberia Corisilla Claudii Catonis Lingonis, (uxor) votum solvit libentes merito.*) »

Il est donné communication de la note suivante, envoyée par M. E. Hucher, associé correspondant au Mans :

« Le *Magasin Pittoresque* vient de publier (juin 1869, p. 180) le dessin d'une niche creusée dans l'un des maîtres piliers du chœur de la cathédrale du Mans (Sarthe) et destinée à renfermer, sous une grille, dont les trous de scellement sont très-visibles, un bréviaire donné par un chanoine de cette cathédrale, *pro usu indigentium,* dit l'inscription qui accompagne cet intéressant petit monument.

« L'auteur de l'article ne traduit pas, selon nous, correctement cette inscription, et nous croyons rendre encore hommage aux qualités solides de cet excellent recueil, en donnant ici l'exacte interprétation de cette inscription. La voici telle qu'un examen attentif appuyé d'un estampage, nous a permis de la reproduire :

« MAGISTER GUILL THEBARDI HUJ' ECCE CANONICUS
» DEDIT ISTUD BREVIARIŪ P USU INDIGENTIŪ — ORATE
» DEŪ P EO. »

«L'auteur de l'article du *Magasin Pittoresque* dit que ces caractères du commencement du xv⁰ siècle peuvent se traduire ainsi :

« Maître Guillaume de Thélard, chanoine de cette église, « a donné ce bréviaire à l'usage des indigents. — Priez « Dieu pour lui. »

«D'abord l'inscription portant très-certainement *Thebardi*, le chanoine donateur ne s'appelait pas de Thélard; il s'agit du chanoine Thébard tout simplement, dont on possède aux archives de la Sarthe un acte d'acquisition, en date du samedi veille de Noël 1390 (G. 4. N° 143).

« Nous ne partageons pas non plus l'opinion de l'auteur de l'article sur le sens des mots *indigents*, dont il se sert pour traduire *indigentium ;* nous pensons qu'il est plus rationnel et plus latin de voir dans le mot *indigentium* un participe présent répondant à l'idée spéciale qui doit occuper le lecteur de l'inscription, et signalant clairement le but de cette exposition publique d'un livre essentiellement canonical ou clérical.

« Voici donc comment nous traduirions cette inscription :

« *Maître Guillaume Thébard ou le Thébard, chanoine de cette église, a donné ce bréviaire, pour servir à ceux qui en manquent. — Priez Dieu pour lui.* »

Séance du 13 Octobre.

Présidence de M. Cocheris, 1ᵉʳ vice-président.

Travaux.

Il est donné lecture, en communication, d'un mémoire adressé par M. H. Beaune, associé-correspondant à Dijon, intitulé : *Les finances d'une université provinciale de 1423 à 1679.* Dans cette étude qui est détachée d'un ouvrage d'ensemble sur les Universités de Franche-Comté, M. Beaune s'occupe de l'Université de Dôle, et des gages alloués à des professeurs : il établit que les subventions fournies par le

gouvernement, qu'il fût ducal ou royal, étaient singulièrement restreintes. « Ce ne fut pas la faute du pouvoir central, dit M. Beaune, si l'Université comtoise vécut trois siècles,
et si elle fournit les conseils du gouvernement et les corps
religieux ou civils de la province d'hommes d'Etat, de lettrés,
d'érudits, de savants docteurs et d'illustres magistrats. Elle
se serait éteinte dans la solitude et l'indigence, si le zèle de
ses professeurs et le dévouement patriotique de ses enfants
ne l'avaient énergiquement soutenue au niveau des autres
foyers d'études alimentés par le besoin de savoir sur le sol
fécond de la France. »

Séance du 20 Octobre.

Présidence de M. Cocheris, 1er vice-président.

Travaux.

M. de Barthélemy présente, de la part de M. Harold de
Fontenay, la photographie d'une statuette de bronze récemment découverte à Autun, et qui semble représenter un
homme dans l'attitude de la lutte.

Il est donné par extrait, lecture des observations présen-
tées par M. du Plessis, de Blois, sur les mémoires de feu
Grésy relatif aux objets d'art concernant la succession de
Florimond Robertet :

« Nous ne craignons pas d'affirmer que M. Grésy, dans
la *Notice* qui précède l'*Inventaire*, au lieu de faire les
réserves nécessaires et que devait inspirer l'examen de ce
prétendu document original, tel qu'il nous est offert, a eu
le tort de le croire et de nous le donner comme de tous
points authentique, et, qui plus est, pour un morceau d'*archéologie transcendante*. M. Grésy dit qu'Henri Chesneau,
auteur du recueil intitulé *Bury-Rostaing*, recueil composé
comme plusieurs autres, à la gloire de Charles, marquis de
Rostaing, et des ancêtres de ce seigneur, a *transcrit*, pour
ce recueil, *le curieux inventaire des objets d'art possé-*

*dés par un ministre de Francois I*er*. M. Grésy, ajoute (*p. 4*) :
*les grâces de style qu'y a semées le cœur de sa veuve, les
précieuses indications qu'elle seule était à même de nous
fournir sur certaines provenances, viennent encore doubler
le prix de ce document.* Nous nous serions bien gardé de
contester le mérite de l'Inventaire, si nous pouvions déterminer son degré d'exactitude; mais en le transcrivant, Chesneau ne l'a-t-il pas arrangé, s'il ne l'a même tout à fait
inventé[1]. J'ai bien peur que beaucoup des *grâces de style*,
semées dans le morceau, ne soient de l'invention du com-
plaisant historiographe de la maison de Rostaing. Ces grâces
de style, on veut sans doute parler des témoignages fréquemment répétés de tendresse et de regrets de la part de
Michelle Gaillard pour son époux, nous paraissent, à nous,
fort peu en harmonie avec les habitudes de l'époque. Reve-
nant un peu sur nos pas, pour consigner une observation,
nous ne voyons pas, bien qu'en dise la note de M. Grésy
(page 30), quel rapport on peut trouver entre un *buffet de
vermeil* doré, composé de trois pièces, et le fameux *vase
d'argent* signalé par l'ambassadeur de Florence dans une
lettre au gonfalonier Soderini.

« Reprenons l'Inventaire. Et cette dissertation sur la couronne de *Baron* (pag. 33), préférée a celle de *comte,* et cela
sous François I*er*, dissertation héraldique, fausse en prin-
cipe et ridicule, mise dans la bouche d'une femme qui ne
pouvait raisonnablement parler de l'ancienneté de sa race,
de ses aïeux et ancêtres, elle qui, par père et par mère,
descendait de très-simples bourgeois de Blois.

---

1. D'abord l'intitulé ne peut pas être exactement transcrit : *Inventaire composant l'héritage de haut et puissant seigneur messire Fl. Robertet.* En 1532,
on ne se servait point de ces qualifications pour un secrétaire des finances, bien
que ministre influent. Puis est-il aisé d'admettre qu'un aussi long procès-ver-
verbal qui eût activement occupé un huissier priseur, fût dressé de la main
même d'une femme, veuve d'un ministre, et que Chesneau copiait une pièce
autographe? Les femmes de l'époque ne se livraient point à de si singulières
distractions. De plus, Michelle Gaillard, qui avait acquis, était fille de Michel,
qui avait acheté la terre de Longjumeau, mais elle ne s'est jamais appelée
Gaillard de Longjumeau. Ni alors, ni depuis, on n'a jamais dit les *Gaillard
de Longjumeau.*

« Venant au chapitre des statues, que pensera-t-on des Commentaires sur celle de François Ier (pag. 44)? des B et des M de la Justice (pag. 45)? Et la gravure de l'architecte de Bury (pag. 46), et la prétendue lettre de cet artiste; et les devises explicatives du *Berger,* de la *Mère nourrice,* du *Fol* (pag. 47); et les *deux Mains,* les *dix Doigts* et les *dix Commandements,* avec le plat distique qui résume le tableau (pag. 48); et le *Cœur de saint François* et la *tête de mort* (pag. 49), et le *Médecin* (pag. 50), etc., car on est arrêté à chaque ligne et l'on s'en fatigue. L'ignoble quatrain de l'*Homme gras* et de l'*Homme maigre* (pag. 51).

« Les formules habituelles, usées, du glorificateur des Rostaing, on les retrouve toutes dans ce *Triomphe généalogique* et féodal où étaient les *seize* quartiers de Robertet, certainement fort difficiles à découvrir.

« Nous croyons l'immixtion de H. Chesneau dans la rédaction de l'inventaire bien constatée. Si tout ce que nous avons critiqué, s'appliquant surtout à la forme extérieure du document, laissait subsister un certain fond qu'on aurait seulement modifié, brodé, on pourrait encore admettre une participation originelle quelconque de la veuve de Robertet; mais il convient de signaler certains détails qui tendent à démontrer que cette dame n'a pu ni écrire ni dicter la pièce mise sous son nom.

« Nous avons signalé l'exagération évidente qu'il y a à faire parler Mme Robertet de la noblesse antique des *Gaillard,* marchands d'abord, on en a des titres, puis petits bourgeois de Blois, n'y ayant jamais occupé que de médiocres offices de finances. Il existe, dans l'*Inventaire* (pag. 28), un article de *cachet* (*d'or massif,* cela va sans dire), contenant une trop forte erreur ou un trop gros mensonge, pour qu'on les laisse à la charge de la veuve du Trésorier. Il n'y a jamais eu de famille de *Lonjumeau de Picardie, d'où je suis,* comme on fait dire à l'auteur de l'Inventaire, pas plus que de toute autre province [1]. C'est le père de Mme Robertet qui

---

1. Les Rostaing, et Chesneau, leur organe, tenaient à dépayser l'opinion sur la famille Gaillard. Dans le *Recueil mémorial,* toutes les fois qu'on

avait acquis, et cela depuis le mariage de sa fille, la seigneurie de Lonjumeau, près Paris, et qui ajouta ce titre à son nom très roturier. Avant cette acquisition, les Gaillard, qui n'étaient jamais sortis de Blois, ne portaient, et cela depuis une génération seulement, d'autre titre que celui d'un petit fief du pays (*Villemenard, Villemerard* ou *Villemenand*), aujourd'hui même tout à fait inconnu.

« L'Inventaire parle (p. 29), en termes du reste assez médiocrement corrects, de *Mémoires* qu'aurait composés Flor. Robertet; quelque précise que soit cette allégation, rien ailleurs ne la corrobore; il ne subsiste aucune trace des Mémoires du Trésorier. Il aimait les lettres et les cultiva, il traita les plus grandes affaires de son temps, laissant de nombreuses correspondances, dont M. Grésy indique le dépôt. Robertet aurait donc certes pu écrire des Mémoires, mais il n'en est fait mention nulle part.

« Il n'a point échappé à M. Grésy combien il est improbable qu'un document, daté de 1532, contienne des vers de Ronsart, né en 1524 : que sera-ce si l'on veut que l'Inventaire ait été dressé aussitôt après la mort du Trésorier, et s'il est ultérieurement établi que cette mort est antérieure de cinq années. Ces vers (pag. 55, 56) sont au moins médiocres, on ne les donnera jamais à un enfant de huit ans, dont aucun renseignement ne signale le précoce talent.

« On ne rencontre point une pareille difficulté chronolo-

cite les Gaillard, on dit, comme au présent passage de l'Inventaire et dans des termes absolument identiques, *Gaillard de Longjumeau,* ou la famille *de Longjumeau de Picardie.* Ce Recueil mémorial, que nous avons cité dans nos articles sur les Robertet, et dont M. Grésy s'est occupé, qui est incontestablement de H. Chesneau, a été imprimé à Paris, P. Variquet, 1656; les caractères sont absolument les mêmes que ceux de *Bury-Rostaing,* les deux volumes sortent certainement de la même officine. Le titre gravé du Recueil porte la date de 1642; l'écusson armorié au revers du titre de 1656 porte également 1642. Cette confusion est un peu singulière; on peut l'expliquer cependant : les actes transcrits commencent à 1642 et finissent à 1654 et 1655, l'impression n'a donc pu avoir été tout au moins terminée qu'en 1656. M. Grésy dit ce Recueil rare, ce qui est vrai, destiné seulement à des parents et amis, ce qui est infiniment probable, toujours reliés de la même façon, ce qui n'est pas tout à fait exact.

gique en ce qui touche la mention faite de Rabelais (p. 62) ; seulement quelle qu'ait été la réputation du médecin tourangeau, pendant sa vie, jamais il ne fut traité de *vray grand esprit universel de ce monde,* et ce titre qui ne lui convient nullement, qui ne lui fut jamais décerné, il ne pouvait surtout en jouir quand il existait, et lorsque sa consistance scientifique et littéraire était encore peu établie.

» Après tant d'observations critiques, disons ici notre opinion tout entière ; l'Inventaire attribué à Michelle Gaillard nous paraît une invention de Chesneau, qui aura trouvé dans les archives Robertet, des indications d'objets d'art, avec quelques détails de provenance, objets que Florimond aimait, on le sait, qu'il recherchait, et se faisait même volontiers donner, témoin le fameux *David* de Buonarotti ; là-dessus il aura brodé un inventaire fabuleux, orné de commentaires et de réflexions, le tout pour faire rejaillir l'éclat de tant de richesses du bisaïeul sur l'illustre marquis de Rostaing, l'arrière petit-fils. Passons à l'examen de la Notice. Pour ce travail, M. Grésy, outre l'Inventaire qu'il a trouvé transcrit dans le rare livre de Chesneau : *Bury-Rostaing,* a extrait, de ce volume, des renseignements assez curieux sur Florimond Robertet, et qui, si nous en reconnaissions l'exactitude, ajouteraient quelques notions précises à celles, assez rares, qu'on possède sur la vie de ce personnage. Malheureusement, il n'en est point ainsi, et nous trouvons même des contradictions entre les indications de l'Inventaire et celles de la Notice. Ces renseignements paraissent puisés, pour la plupart, dans une Oraison funèbre du Ministre, qui aurait été prononcée, trois mois après le décès, en présence du Roi et de la Reine, à Saint-Honoré de Blois, où le corps de Robertet fut inhumé. Les somptueuses funérailles de celui-ci nous sont bien connues par la *Complainte ou Déploration* de Marot et autres documents[1]. Il semble qu'il ait fallu encore y ajouter quelques embellissements, et une gravure citée (pag. 16, note) trahit l'intervention perpétuelle et outrecuidante de Chesneau,

1. *Journal d'un bourgeois de Paris,* etc.

reconnue, du reste, ici par M. Grésy. La Notice donne une
date précise de la naissance de Florimond, 11 février 1457,
date qu'on ne connaissait qu'approximativement, et que
nous accepterions avec empressement, si l'ensemble des
documents nous inspirait confiance. On place son mariage
seulement en 1509, 3 octobre; nous croyons cette date bien
tardive; elle est cependant donnée avec tant de précision et
des détails tellement circonstanciés qu'ils auraient pour
nous plus d'autorité que la mention sentimentale des
23 anneaux de l'Inventaire, et que nous l'admettrions,
malgré une énorme disproportion d'âge entre les époux, et
les dates que nous devons assigner à la naissance des enfants
issus de cette union, si l'Inventaire lui-même ne démentait
cette date de 1509, que du reste M. Grésy avoue (pag. 12,
note) avoir rectifiée; il en avait donc trouvé une autre, et
je n'en suis pas surpris [1]. L'Inventaire indique (pag. 52) que
Bury fut construit de 1501 à 1504, et qu'un peintre italien
reproduisit, d'après nature, sur un vaste tableau, avec une
merveilleuse fidélité, l'ensemble des travaux de tous les
métiers qu'il avait vus occupés à cette édification, tableau
pour lequel Mme Robertet donna, à l'artiste, une généreuse
gratification. Si elle s'est mariée en 1509 seulement, comment pouvait-elle assister à la construction de 1501-1504 ?
Mais il y a bien plus sur cette dernière date; un acte
authentique, dont on a trouvé le fragment dans le pays,
établit que Robertet n'acquit Bury qu'en 1518, de Germain
de Bonneval, gouverneur du Limousin [2]. M. Grésy, à son

---

1. Mais alors que devient cette fixation si positive, 3 Octobre 1509 ? C'est
la mention des 23 anneaux amoureusement enfilés à chaque année du bonheur
de madame Robertet, qui a décidé M. Grésy à fixer le mariage à 1509. Mais
si, comme on le verra, le ministre est mort en 1527, et non en 1532, ce touchant calcul n'est plus exact; il faut alors reculer l'union à 1503, ce qui appro-
cherait davantage de la vérité, sans pourtant l'atteindre encore à notre avis.
L'âge des enfants issus de ce mariage, semble aussi, avons-nous dit, lui assigner
une date plus ancienne. En effet, Anne, qui n'était pas l'aînée de ses enfants,
se mariait en 1520, c'est-à-dire à 8 ou 9 ans ; François était en charge en 1530,
quand il épousa Jacqueline Hurault. Claude, l'aîné, était marié avant son
cadet.

2. Cette indication est contenue sur une feuille de parchemin, provenant de

tour, s'écartant alors singulièrement de l'Inventaire, paraît avoir trouvé soit dans l'oraison funèbre, soit ailleurs, le motif et une date bien différente de la construction de Bury.

» Nous nous inscririons aussi en faux contre la date donnée à la mort de Robertet. Cette mort n'arriva ni en décembre 1526, comme le disait l'épitaphe apposée en 1642, par Charles de Rostaing, à Saint-Honoré de Blois, pas plus qu'elle ne peut être reculée jusqu'en 1532, comme l'indiquent l'Inventaire et les autres pièces accessoires du livre *Bury-Rostaing*. En effet, on a des lettres de Robertet, autographes[1], relatant le siége de Rome et la mort du connétable de Bourbon. Cette particularité décisive, rapprochée du récit attribué à un contemporain : le *Journal d'un Bourgeois de Paris,* qui fixe le décès de Robertet *au vendredi 29 septembre 1527,* et en détaille toutes les circonstances, parfaitement d'accord, en ces détails, avec Clément Marot ; toutes ces particularités, disons-nous, doivent faire adopter la date donnée par le *Journal.* Cette date admise, avec toute raison, ce nous semble, il en résulte, que la lettre prétendue adressée par la Reine à Mme Robertet, à propos du décès de son mari, est une invention ; il n'y avait point de Reine à cette époque ; Claude était morte en 1524; Eléonore ne vint en France qu'en 1530. Tous ces éclaircissements suffisent à établir le peu de foi due à ces documents.

« M. Grésy a eu la naturelle idée de faire reproduire une médaille en bronze de grande dimension, conservée au cabinet de la Bibliothèque impériale, représentant, au droit, la figure de Robertet, fort analogue, du reste, à un portrait original[2], conservé dans la famille du rédacteur de

l'ancienne Chambre des comptes de Blois, feuille qu'on a trouvée servant de couverture à un registre de la Fabrique d'Huisseau-sur-Cosson, près Blois. Robertet acquit, moyennant 6,200 écus d'or au soleil, Bury, de Germain de Bonneval qui, lui-même, ne le possédait, par mariage, que depuis 1505.

1. Archives de l'Empire ; J. 965.

2. Ce joli portrait de Florimond, demi-grandeur, peint sur bois, bien conservé, venant de Bury, est entre les mains de madame de Gastebois, ma fille, propriétaire de tout ce qui reste aujourd'hui du magnifique manoir de Robertet.

la présente note, et au revers l'écusson du Trésorier. Nous sommes porté à croire que la médaille est un nouveau pastiche, commandé par l'infatigable vanité de Ch. de Rostaing, pastiche dirigé par son agent attitré, H. Chesneau, rédacteur des inscriptions fautives de 1642, de bien d'autres pièces à la gloire des Robertet et des Rostaing. »

M. Mabille lit les observations suivantes :

« Parmi les objections faites par M. Duplessis, de Blois, contre l'authenticité de l'Inventaire des objets d'art appartenant à Florimond Robertet, inventaire publié par feu notre confrère, M. Grésy, et dont la rédaction a été attribuée à sa veuve Michelle Gaillard de Longjumeau, il en est une qui au premier abord paraît avoir un certain poids.

« Il prétend que Mme Robertet ne peut appeler sa famille les Gaillard de Longjumeau, parce que au xvie siècle, la famille Gaillard n'avait ni illustration ni importance, et que ce n'est qu'au xviie siècle qu'une de ses branches prit le nom de Longjumeau, par suite de l'acquisition qu'elle fit de cette seigneurie. Si le fait était vrai l'objection serait sérieuse, mais différents titres originaux conservés à la Bibliothèque impériale que j'analyse ci-dessous établissent au contraire d'une manière positive que les terre et seigneurie de Longjumeau ont été acquises par Michel Gaillard, père de Mme Robertet, et transmises à son fils, qui en a toujours porté le nom.

« Ce Michel Gaillard, 1er du nom, père de Mme Robertet, prend en 1463 le titre d'argentier de la feue Reine mère du Roi. En 1466 il s'intitule conseiller du Roi, receveur général des finances et argentier de Madame Marie, duchesse d'Orléans et de Milan. Cette princesse, par ses lettres patentes données le 20 février 1473, le pourvut de l'office de gouverneur de la terre et seigneurie de Chauny. En 1481 il était qualifié de conseiller et maître d'hôtel du Roi, capitaine et patron général des galères de France (galeaches) en 1482, 1494 et 1496, de conseiller et maître d'hôtel du roi et général sur le fait et gouvernement de toutes ses

finances. Il était chevalier du Camail ou du Porc épic, ordre
fondé par les ducs d'Orléans.

« Il avait épousé en premières noces Jaquette Berthelot,
fille de Jean Berthelot, maître de la chambre aux deniers
de Marie d'Anjou, reine de France, et en secondes noces,
Marguerite Bourdin, sœur de Jacques Bourdin, sieur de
Villaines, secrétaire d'Etat, laquelle mourut en 1501 et fut
inhumée en l'église des Blancs-Manteaux, à Paris, où se
voyait son épitaphe qui nous a été conservée.

« C'est du vivant de sa seconde femme que Michel Gaillard acquit les terres et seigneuries de Longjumeau et de
Chilly.

« Entre autres enfants, il eut de Marguerite Bourdin,
Michelle Gaillard, femme de Florimond Robertet, et Michel
Gaillard, 2e du nom, seigneur de Chilly, Longjumeau et
autres lieux, premier gentilhomme de la chambre du Roi
et grand pannetier de France, lequel épousa le 10 février
de l'an 1512, au château d'Amboise, Souveraine d'Orléans,
fille naturelle de Charles d'Orléans, comte d'Angoulême,
père du roi François Ier. Celui-ci légitima Souveraine en
1521 et la reconnut pour sa sœur sous le nom de Souveraine
d'Angoulême.

« Michel Gaillard de Longjumeau était donc beau-frère
du Roi. C'est ce qui pourrait expliquer, indépendamment de
toutes autres raisons, les relations intimes qui d'après l'Inventaire existaient entre la reine Eléonore et Mme Robertet.

« Louise de Savoie en mariant Souveraine d'Orléans, la
fille naturelle de son mari, lui avait accordé par son con-
trat de mariage une dot de 3,000 écus d'or soleil. Ce ne fut
que cinq ans après, en 1517, qu'un premier à-compte du
quart de cette somme fut soldé à Michel Gaillard de Longjumeau, ainsi qu'il ressort des termes d'un mandement du
roi François Ier, en date du 1er mai 1517, dont nous ex-
trayons le passage suivant :

« Francois, par la grace de Dieu roy de France, à nos amés et feaulx les
generaux conseillers par nous ordonnés sur le fait et gouvernement de nos finances salut et dilection. Savoir vous faisons que nous voulons acquiter envers
notre amé et feal Michel Gaillard, chevalier, seigneur de Longjumeau de la

somme de 3000 escus d'or soleil, à luy promis par le traité de mariage de luy
et de nostre chere et bien amée seur naturelle, Souveraine d'Orleans, fait et
accordé par notre très chère et très amée dame et mère, ainsi qu'il peut appa-
roir par le dit traité que nous avons eu et avons pour agreable, comme fait et
accordé de notre vouloir et consentement ; de laquelle somme il n'a encore esté
payé et satisfait : à ces causes..... mandons... que faites payer ou appoincter
au dit sieur de Longjumeau la somme de 1500 livres tournois, auquel
nous l'avons ordonné pour partie de la dite somme de 3000 escus d'or soleil
valant la somme de 6000 livres tournois ainsi à lui promis, par nostre dite
dame et mère..... pour la dot de la dite Souveraine.

Donné à Paris le 1er jour de mai, l'an de grace 1517 et de nostre regne le
troys.

Signé FRANÇOIS.   Par le roy ROBERTET.

« Ainsi tombe le reproche fait par M. Duplessis à la
famille Gaillard de Longjumeau, de n'avoir eu au xvie siècle
ni importance ni illustration. »

Séance du 3 Novembre.

Présidence de M. COCHERIS, 1er vice-président.

Correspondance.

M. le Président donne lecture d'une lettre adressée par
M. l'abbé Jumel, de Bourdon (Somme), qui sollicite le titre
d'associé-correspondant national. Les présentateurs sont
MM. Huillard-Bréholles et de La Villegille. La Commission
chargée d'examiner cette candidature se composera de
MM. de Barthélemy, Mabille et Ch. Robert.

Travaux.

MM. Mabille et Guérin lisent successivement des rapports
au nom des Commissions chargées de présenter des conclusions sur les candidatures de MM. Jacques Penon et
Edouard Flouest. On procède au scrutin et chacun des candidats ayant réuni le nombre de suffrages exigé par le
réglement, M. le Président proclame associés-correspondants
nationaux M. Jacques Penon, à Marseille, et M. Edouard
Flouest, à Nîmes.

M. Alex. Bertrand offre à la Compagnie un exemplaire de la carte de la Gaule, qu'il vient de publier et qui indique l'emplacement de tous les monuments de l'âge de pierre signalés jusqu'ici. M. Bertrand fait observer que ces monuments sont presque toujours placés dans le voisinage des cours d'eau ; il combat l'opinion émise que tous les crânes trouvés sous les dolmens du nord appartiennent à la race brachycéphale, tandis qu'il est prouvé pour lui qu'ils appartiennent par moitié au moins à la race dolichocéphale. Il ajoute qu'en Danemarck sous les monuments de l'époque de la pierre polie, on rencontre les traces des deux races en quantité à peu près égale.

M. Bertrand communique ensuite à la Société le dessin d'une lame de poignard en bronze, longue de 27 centimètres et large de 6 centimètres dans le haut, vers la soie, qui est brisée. Ce poignard a été trouvé dans le même caveau que la pointe de flèche, si finement travaillée, donnée au musée de Saint-Germain par M. P. Mérimée.

Le caveau, situé à Plouvenez-Lochrist (Bretagne), sur la propriété des frères Morvan, était formé de deux murs en pierres sèches recouverts de deux dalles en granit longues de 3 mètres sur une largeur de 1ᵐ 1/2. Il avait la direction nord-sud, et une large pierre reposait dans la partie nord, en forme d'oreiller, sur un lit de terre et de sable battus. Vers le milieu du caveau gisaient, *en tas,* la lame de poignard et 22 flèches en silex. On remarqua que des débris de charbons et de la poussière grise entouraient les flèches et le poignard. M. Bertrand fait valoir l'intérêt des découvertes où l'on rencontre le bronze mêlé à la pierre polie ; il ajoute qu'en Danemarck le fait se présente souvent.

M. Heuzé rappelle qu'Hérodote a constaté l'emploi simultané de la pierre et du bronze.

M. de Longpérier fait observer que ce qu'il y a de plus curieux c'est de rencontrer les armes de pierre au milieu d'objets de bronze d'une époque déjà avancée. On trouve dans de telles découvertes la preuve de la persistance de l'usage des armes de pierre. Il cite par exemple le Japon où l'on fabrique encore aujourd'hui par économie des pointes de flèches en pierre.

M. de Montaiglon signale dans la forêt de Conches, près Evreux, un petit édicule antique dans lequel on a trouvé des armes de pierres très-usées. La manière dont tous ces restes étaient disposés démontrait que le dépôt d'armes avait été fait alors que l'édicule était déjà presque en ruines. M. de Montaiglon voit ici un nouveau fait à ajouter à ceux qui prouvent combien l'usage des armes de pierre a duré long-temps.

M. de Linas, associé-correspondant à Arras, transmet une inscription gravée sur une dalle funéraire de l'église de Kalocsa (Hongrie), bâtie au XIIIᵉ siècle, et que son correspondant attribue à l'architecte du monument. Cet artiste, selon les savants hongrois, était Français, et marchant sur les traces des Villart de Honnecourt et des Mathias d'Arras, il avait contribué à importer à l'étranger notre architecture nationale.

M. de Montaiglon ne trouve pas que les motifs exposés dans la note de M. de Linas soient suffisants pour affirmer que le nom gravé sur la pierre en question ait appartenu à un Français; il ajoute que la qualification de LAPICIDA, qui suit le nom, indiquerait plutôt un sculpteur qu'un archi-tecte; enfin il demande qu'il soit écrit une lettre à M. de Linas, afin de connaître les mesures de la dalle funéraire, d'obtenir les renseignements les plus circonstanciés, et aussi afin de savoir quels sont les arguments mis en avant par les membres de l'Académie de Pest, pour arriver à con-clure que ce personnage était un Français. La Société décide que toutes ces questions seront soumises à M. de Linas.

Séance du 10 Novembre 1869.

Présidence de M. DE GUILHERMY, Président.

Correspondance.

M. l'abbé Auber, associé correspondant à Poitiers, fait

hommage à la compagnie de son ouvrage intitulé : « Histoire de saint Martin, abbé de Vertou et de Saint-Jouin-de-Marnes, et de ses fondations en Bretagne, en Vendée et dans les pays adjacents. »

M. Boucher de Molandon, associé correspondant à Orléans, offre à la Société un exemplaire de son ouvrage intitulé : « La Salle des thèses à l'Université d'Orléans. »

Travaux.

M. Bertrand communique à la Société un « parazonium » ou poignard romain trouvé au Faou (Finistère), et provenant du cabinet de M. de Fréminville. Ce poignard est complètement semblable, à quelques ornements près, à une série de poignards représentés en relief sur les tombes romaines des bords du Rhin, entre autres sur la tombe de : *P. Flavoleius Cordus Miles Leg. XIIII Geminae ;* et sur celle de : *Pintaius Transmontanus Signifer Coh. V Asturum.*

M. Bertrand fait passer sous les yeux de ses confrères les surmoulages des poignards sculptés sur ces deux tombes.

Le même poignard se retrouve sur la tombe de : *Annaius Daverzus Miles Coh. IIII Delmatarum,* trouvée à Bingen en 1860, et figurée dans un des cahiers du premier volume de la publication du docteur Lindensmith.

Ce dernier poignard, plus orné que les deux premiers, se rapproche par cela même davantage de celui du musée de Saint-Germain.

Enfin, une quatrième tombe, celle de : *Q. Petilius Secundus Miles Leg. XV Primigeniae,* porte également le même « parazonium. »

Trois de ces tombes appartiennent, on vient de le voir, à de simples soldats (milites) et la quatrième à un porte-enseigne (signifer); ils portent tous, outre le « parazonium » attaché à gauche, l'épée suspendue à droite. Rich se trompe donc quand il dit, à son article « parazonium, » que « ce poignard était porté par les tribuns et les officiers » supérieurs plutôt comme arme de distinction que pour

» usage réel, » puis il ajoute que le simple soldat avait l'épée (gladius) suspendue au côté droit par un baudrier.

Ainsi qu'on vient de le voir, un certain nombre de simples soldats, au moins de ceux qui tenaient garnison sur le Rhin, portaient à la fois le « gladius » et le « para-» zonium. »

M. Creuly fait observer que les officiers portaient l'épée à gauche et que par conséquent le « parazonium », toujours suspendu au côté gauche, ne devait pas appartenir à un officier.

M. Pol Nicard communique à la Société, de la part de M. Keller, associé correspondant étranger, le plan des fouilles pratiquées à Avenches (Aventicum). Il demande l'opinion de ses confrères sur la forme des tours établies sur la ligne des remparts et qui sont en saillie, non point à l'extérieur mais bien à l'intérieur.

M. Creuly fait remarquer que le camp de Lambèse, en Afrique, présente exactement la même disposition ; il ajoute que les règles de la fortification romaine, ne nécessitant pas absolument de flanquements, les tours ne servaient généralement qu'à loger les escaliers conduisant au sommet des remparts.

M. de Longpérier cite les remparts d'Yorck dont les tours sont construites de la même façon.

M. Read communique à la Compagnie l'empreinte d'une médaille romaine, en or, trouvée dans un champ à Burie (Charente-Inférieure). M. de Longpérier l'examine et lit sur la face: *Dominus noster Valentinianus Pius Felix Augustus.* Au revers : *Restitutor Reipublicae* avec la figure de l'empereur debout tenant une victoire, et à l'exergue : ANTΓ. C'est une monnaie de Valentinien Ier, portant la marque du troisième atelier d'Antioche.

Séance du 17 Novembre 1869.

Présidence de M. DE GUILHERMY, Président.

Correspondance.

MM. E. Flouest, de Nîmes, et Penon, de Marseille, remercient la Société de leur nomination d'associés correspondants nationaux.

Travaux.

M. Hucher, associé correspondant au Mans, présent à la séance, communique à la Société le calque en quatre planches, grand in-folio, d'un dessin d'architecte, exécuté à la fin du xvᵉ siècle et représentant le jubé élevé à l'entrée du chœur de la cathédrale du Mans, entre les années 1495 et 1510, par le cardinal Philippe de Luxembourg, évêque du Mans.

Ce dessin sur parchemin qui a appartenu successivement à M. de Lassus, architecte du gouvernement et à M. d'Espaulard, du Mans, est conservé actuellement au musée archéologique de cette ville qui en a fait l'acquisition.

Le jubé du Mans était une immense construction composée de quatre parties différentes, mais bien évidemment émanée de la même pensée et conservant un caractère d'unité bien prononcé.

On voit, au centre, la clôture du chœur ou le jubé proprement dit, à droite et à gauche deux autels dédiés, l'un à saint Julien, patron du Maine, l'autre à Notre-Dame de Pitié. Enfin à gauche et dans le prolongement de la ligne de façade se trouve un édicule décoré de nombreuses sculptures, qui abrite une relique du pied de saint Philippe, donnée sans doute au cardinal de Luxembourg par le pape Alexandre VI dont on voit les armes au dessus du reliquaire.

Le monument était exécuté en pierre de Saumur et entièrement peint, selon toute probabilité. Ce qui autorise cette hypothèse, c'est la décoration des fonds, composée d'un semis de fleurs de lys qui n'aurait eu aucun relief sans le secours de la couleur.

Le jubé était orné de quatre statues des principaux docteurs de l'Eglise et d'un nombre considérable d'autres statues de moindre dimension consacrées au souvenir des membres de la famille de Luxembourg ; c'était sans doute un monument funéraire élevé par le fondateur en l'honneur de sa maison. Les écussons blasonnés qui couvrent l'édifice sont divisés en deux parties, d'un côté ils présentent les armoiries du cardinal Philippe et de l'autre celles de Thibaut de Luxembourg, son père.

Le jubé de la cathédrale du Mans' a été détruit par les Protestants, pendant les guerres de religion.

M. le Président adresse des remerciements à M. Hucher pour la communication de ses dessins dont la restitution demandait autant de science que d'habileté.

M. l'abbé Cochet dépose sur le bureau des bijoux et des monnaies trouvés au mois d'octobre dernier dans un cimetière mérovingien découvert à Nesle-Hodeng (Seine-Inférieure) en 1868, qu'il a fouillé méthodiquement cette année seulement. Les objets communiqués comprennent : 1° deux fibules rondes, en or, d'un diamètre de 0^m 032^m, décorées de quatre grenats triangulaires dont l'angle le plus aigu est dirigé vers le centre du bijou, et montés sur chatons en relief. Le centre de la fibule est composé d'une croix formée de quatre grenats carrés, montés comme les précédents. Le point central de la croix contenait primitivement une pierre ou une pâte de verre ronde ; les sertissures en sont vides aujourd'hui sur les deux fibules. Le fond est décoré de filigranes d'une finesse exquise, qui accompagnent les chatons et entourent quatre clous d'argent posés entre les grenats, Le cercle extérieur de la fibule est formé par un jonc autrefois strié mais poli par l'usage.

2° Deux fibules en bronze fondu et ciselé, longues de 0ᵐ 074ᵐ et faites en forme de raquette. La partie semi-circulaire du bijou est entourée de têtes d'oiseaux à becs recourbés, en plein relief, dont les yeux sont formés par un grenat ou verre coloré posé sur paillon et incrusté dans le bronze. Le demi-cercle est orné de trois filets striés en relief qui en suivent le contour, et de filets semblables ciselés en éventail ; la queue de la fibule est aussi décorée de filets du même travail formant bordure et disposés parallélement dans la partie bombée de la queue et dentelés dans la partie plate.

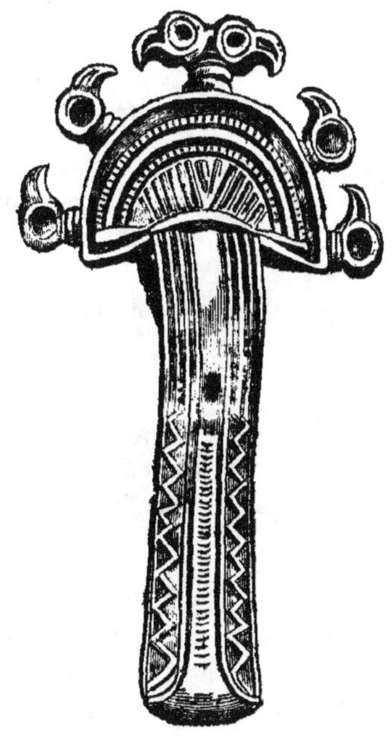

3° Deux petites fibules en bronze rattachées l'une à l'autre par une chaînette de même métal, longue de 0ᵐ 480ᵐ. Ces deux dernières sont très-simples et sans autre ornement que des cercles gravés en creux autour d'un point central.

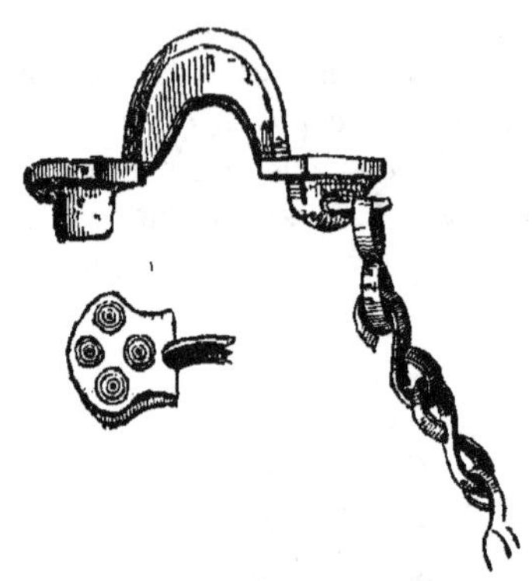

4° Un tiers de sol d'or d'Anastase portant au droit la légende D.N. ANASTASIVS P.P. AVG.; au revers : VICTORIA AVGVCOTY; à l'exergue : CONOB.

5° Une petite pièce en argent de Théodebert Ier, roi d'Austrasie.

La nécropole explorée par M. l'abbé Cochet devait être con-sidérable, car il a soigneusement visité dix rangées de fosses composées chacune de 15 à 22 sépultures. Les rangs de tombes allaient du sud au nord et les corps étaient tous orientés de l'est à l'ouest. Le plus grand nombre d'entre elles avaient été violées par les chercheurs de trésors du moyen-âge et malgré cela les fouilles ont été fructueuses, car outre les objets soumis à l'examen de la Société, on y a rencontré des vases en verre, en terre cuite, noire, rouge, blanche et grise, un vase en bronze, un bracelet, quatre colliers en verre ou jayet, des couteaux, des haches en fer, des boucles de ceinturons en bronze etc., etc. M. l'abbé Cochet estime que la nécropole de Nesle a dû être établie vers l'an 500 et fermée vers l'an 800, à l'époque où a commencé à prévaloir l'usage de placer les cimetières autour des églises.

M. de Longpérier insiste sur la valeur de la pièce d'argent de Théodebert Ier. Il fait remarquer qu'elle conserve encore le type impérial romain, et la croit frappée à Arles, car elle ressemble aux monnaies de Ravenne et se rapporte au monnayage italien importé en Gaule sous les fils de Clovis. Cette pièce confirme l'existence d'ateliers monétaires établis dans le midi de la Gaule à cette époque et sous les Bourguignons.

M. le Président remercie M. l'abbé Cochet, d'une communication qui a vivement intéressé la Société.

M. Passy donne lecture de la note suivante :

« Dans la dernière séance, notre confrère, M. Bertrand a mis sous les yeux de la Société un parazonium que vient d'acquérir le musée de Saint-Germain-en-Laye ; je demande à la Société la permission de lui soumettre les observations que son examen m'a suggérées.

« On est à peu près d'accord pour désigner, sous le nom de parazonium, une espèce de poignard qui était suspendu à la ceinture « zona » mais on ne l'est pas du tout lorsqu'il s'agit de décider à qui était réservé le droit de porter cette arme. Martial qui écrivait du temps de Domitien, envoie en étrennes les vers suivants sous le titre de « parazonium. »

> *Militiæ decus hoc, et grati nomen honoris,*
> *Arma tribunicium cingere digna latus* [1].

« C'est une décoration militaire, une récompense honorable, une arme digne de ceindre les flancs d'un tribun des soldats.

---

1. Martial. Livre XIV § 32.

« D'après ces vers, le parazonium serait une arme d'honneur concédée aux seuls officiers. Toutefois on a répondu que Martial avait fait en particulier l'éloge du parazonium d'un tribun et non pas en général l'éloge du parazonium. Borghesi s'appuyant sur ces mots « militiæ decus hoc » se laisse entrainer vers l'opinion qui fait du parazonium une arme d'honneur. M. Léon Renier oppose à Borghesi un monument récemment découvert près de Bingen et maintenant conservé au musée de Mayence ; ce monument représente un militaire debout portant l'épée au côté gauche et le parazonium au côté droit ; or l'inscription qui l'accompagne prouve que ce militaire est un simple soldat de la quatrième cohorte des Dalmates [1]. On pourrait peut-être concilier ces opinions et trancher le débat, en faisant remarquer que le parazonium pouvait être une arme d'honneur au premier siècle et une arme ordinaire au troisième et au quatrième siècle de l'ère chrétienne. Je m'appuie sur la nécessité où se sont trouvés les empereurs d'accorder peu à peu aux soldats, toute sorte de priviléges, d'honneurs et même de décorations. Le privilège de porter le parazonium fut peut-être une de ces concessions. Rien ne s'oppose donc à l'hypothèse qui assignerait notre parazonium, à un simple soldat, si l'on veut bien admettre avec nous que ce soldat vivait au quatrième siècle. »

« On peut donner d'autres raisons pour dater ce parazonium du quatrième siècle. Au premier abord, je l'avoue, l'ornementation m'a paru s'éloigner du style romain. Quand il s'agit des armes de l'empire romain, on a toujours présentes à l'esprit les scènes de la colonne Trajanne. On oublie trop aisément qu'à partir de la seconde moitié du troisième siècle, le costume militaire et les armes ont subi des modifications profondes, dont nous n'avons malheureusement pas retrouvé l'histoire [3] : mais de temps en temps un monument vient jeter quelque lumière dans cette obscurité. On sait

1. Borghesi. Œuvres numismatiques t. I, p. 119.
2. Julien. Premier panégyrique de Constance § 32.
3. Revue de numismatique Belge, t. III p. 3.

que le style oriental envahit à cette époque toute l'ornementation et je crois pouvoir signaler une certaine analogie entre les dessins riches et tourmentés de notre parazonium et l'ornementation du trône de Jupiter sur ce fameux médaillon de Dioclétien frappé à Alexandrie.

« Ce parazonium se distingue par un autre détail qui a son importance. Je veux parler de ces petits et de ces grands croissants qui semblent donner à l'arme que nous décrivons son véritable caractère. Le croissant de la lune était l'emblême du culte de Mithra et le signe de ralliement de ses adorateurs. A mesure que la religion chrétienne pénétra les légions romaines, la religion de Mithra servit de refuge à tous ceux qui cherchaient dans un culte quelconque un soulagement à ce besoin de cérémonies religieuses et de croyances secrètes qui tourmentait la société du quatrième siècle. Julien lui-même est la personnification la plus éclatante de ce trouble des esprits : car il passa de la religion chrétienne non pas tant au paganisme des grecs qu'au culte de Mithra. « Le soleil et la lune se partagent l'empire visible [1] « dit Julien dans le célèbre discours sur le roi soleil et il est constant qu'il encouragea dans l'armée le développement de ces associations franc-maçonniques qui, sous les symboles mithriaques, formaient la contre partie des associations et des confréries chrétiennes. Depuis Constantin l'usage de représenter le chrisma et la croix sur diverses pièces du costume civil ou militaire s'étendit peu à peu et s'établit solidement. Saint Jean-Chrysostôme le dit formellement : En présence des attributs de la religion chrétienne, le paganisme conserva les siens, alors même qu'il avait légalement et moralement succombé.

« Ces réflexions me conduisent à attribuer ce parazonium du musée de Saint-Germain à un soldat du quatrième siècle, affilié au culte de Mithra. »

Il est donné lecture d'une note de M. Delayant, associé correspondant à la Rochelle, sur un siége de cette ville, en

1. Julien, sur le roi soleil § 19.

1439, au sujet duquel M. Quicherat avait déjà émis des doutes dans le procès de Jeanne d'Arc. (t. V, p. 329) :

« A la page 369 du tome II de l'histoire de Charles VII de M. Vallet de Viriville, on lit: « D'après les termes obscurs « d'une chronique espagnole, la Rochelle fut également en « butte à ces bizarres conquérants (Claude des Armoises, « dite la fausse Pucelle et Gille de Rais)... Ces faits eurent « lieu vers le mois de juin 1439. »

« Le passage auquel l'écrivain fait allusion est au chapitre 46 de la chronique du connétable don Alvaro de Luna, imprimée à Madrid en 1784, qui a été citée par M. Quicherat. »

« Le texte porte *veinte e cinco naos e quince caravelas*, M. Vallet dit 25 nefs et *cinq* caravelles. » Il fait observer qu'aucun auteur français ni aucun autre ne vient à l'appui de cette assertion. M. Quicherat remarque qu'il existe une grande lacune dans l'histoire de la Rochelle surtout du milieu de 1436 à 1453, mais que cependant il n'y a pas d'apparence que dans cet intervalle Charles VII ait perdu ce port où Marguerite d'Ecosse avait abordé en juin 1436. Je vais montrer qu'il faudrait encore bien diminuer cet intervalle. Mais tout cela ne donne que des preuves négatives, qui ne sauraient prévaloir contre une assertion précise. Il faut donc voir si, en elle-même, celle-ci est vraisemblable.

« Retraçons brièvement l'histoire incontestée de 1372 à 1438.

« En 1372, la Rochelle, par la ruse de Chaudrier, s'affranchit des Anglais et démolit le château. En 1381, Richard II, qui a conçu l'espérance d'y rentrer à l'aide de quelques partisans, se voit complètement déçu. En 1387, les Rochelais souffrent beaucoup des ravages du comte d'Arundel, qui ne s'arrête que devant leurs murailles. En 1404, un complot pour introduire des troupes anglaises dans la ville est découvert, et les traîtres sont mis à mort. En 1413 les Rochelais contribuent beaucoup à enlever Soubise aux Anglais ; en 1416, ils ferment leurs portes également aux Armagnacs et aux Bourguignons ; mais, en 1422, le duc de Bretagne ayant voulu les forcer de prendre parti contre le dauphin, bientôt

Charles VII, ils appellent au contraire ce prince que, cette
année même, ils reconnaissent comme roi. En 1424, ils reçoivent les Ecossais qui viennent à son secours ; en 1427,
ils occupent leurs falaises pendant quatorze jours pour sur-
veiller les Anglais qui sont en rade de chef de baie d'où leurs
navires soutenus par des auxiliaires espagnols à leur solde
vont enfin les chasser. En 1429 ils envoient de l'argent à
Orléans, et célèbrent par de grandes fêtes sa délivrance.
En 1433, ils ont la plus grande part à la reprise de Mornac
sur les Anglo-gascons. En 1434 ils font les frais de l'ambassade que Charles VII envoie en Ecosse chercher la fiancée
de son fils, et en 1436, ils reçoivent cette princesse. Le 5 juin
1438, ils reçoivent la confirmation de l'abandon que leur a
fait Charles VII du tiers de la traite de Saintonge. Enfin en
juin 1439, ils renouvellent leurs conventions commerciales avec le duc de Bourgogne devenu l'allié du roi de
France.

« Ainsi nulle ville de France n'est plus anti-anglaise que
la Rochelle ; nulle n'est plus sur ses gardes ; il ne s'agit
donc ni d'un changement de parti ni d'une surprise ; il faut
une prise de vive force. De juin 1438 à juin 1439, il y a la
négociation entre les Rochelais et le duc de Bourgogne qui
s'accorde peu avec un tel événement ; mais n'en tenons nul
compte, supposons que, commencée avant cette prise elle
ait été terminée après. Il reste une année pour placer un
siége et une prise de la Rochelle par les Anglais, à une
époque où leurs affaires étaient en désarroi, et où ils
n'étaient pas maîtres de la mer, que dominaient les Espagnols en relations continuelles avec les Rochelais ; puis
une ambassade de Charles VII, une autre de la fausse
pucelle au roi d'Espagne ; un armement de ce roi, un autre
siége et une autre prise de la Rochelle. A tout cela il faut
ajouter que ces événements n'ont laissé aucune trace,
qu'aucun écrivain anglais ou français n'en a parlé.

« Mais, ce récit convaincu d'invraisemblance, comment
expliquer cette erreur de l'auteur espagnol ? Je ferai
cependant remarquer ceci : cette expédition de 40 navires
est faite par Don Enrique, sur la demande de Charles, au mois

de juin 1439. Il y a une expédition de 40 navires, faite par don Enrique à la demande de Charles, au mois de juin, à la suite de laquelle la Rochelle rentra sous le pouvoir du roi de France. Seulement ces 40 navires sont envoyés devant la Rochelle sur la demande de Charles V, transmise par Yvain de Galles, au mois de juin 1372.

« Ces ressemblances sont au moins singulières ; ont-elles pu tromper l'écrivain espagnol tout préoccupé de son temps ? Je ne sais. On connaissait bien mal l'histoire de ses voisins à cette époque. L'auteur du Mystère du siége d'Orléans qui passe pour avoir écrit à Orléans et presque au moment même du siége, fait dire à Falstaff que les Anglais ont *Anjou, la Rochelle et Bordeaux,* et Orléans avait en 1429 reçu des secours pécuniaires des Rochelais. De nos jours M. Vallet trouve dans un manuscrit un document sans date qui contient un état de munitions de guerre envoyées par le duc de Bourgogne pour le secours de la flotte étant présentement à la Rochelle, que je suis fort tenté pour ma part d'attribuer à cette même année 1372 et au frère de Charles V. Il le rapporte à l'époque de Charles VII dont il écrit l'histoire : cela, dans une lettre, il est vrai, et sans en faire usage dans son livre : mais le chroniqueur du xvᵉ siècle aurait-il été aussi prudent que l'érudit du xixᵉ ? Un écrivain justement estimé, M. Massiou, fait arriver à la Rochelle en 1453 cette Marguerite d'Ecosse que nous venons d'y voir débarquer en 1436, et qui mourut en 1445. Il y a de singulières distractions dans les historiens.

« Je crois donc, qu'en dépit de la chronique espagnole nous pouvons ne pas inscrire dans nos annales ce siége de 1439. »

Séance du 1ᵉʳ Décembre.

Présidence de M. DE GUILHERMY, Président.

Correspondance.

M. Harold de Fontenay, d'Autun (Saône et Loire), sollicite

le titre d'associé correspondant. Les présentateurs sont MM. Quicherat et Aubert; la commission chargée d'examiner les titres du candidat se composera de MM. de Barthélemy, V. Guérin et L. Delisle.

M. Demarsy, associé correspondant à Compiègne, offre à la Société une brochure intitulée : « *Quelques monuments élevés en l'honneur du Saint-Sépulcre de N.-S. Jésus-Christ.* »

Travaux.

M. V. Guérin offre à la Compagnie un exemplaire des trois premiers volumes de son ouvrage intitulé : « *Description géographique, historique et archéologique de la Palestine, accompagnée de cartes détaillées.* » M. Guérin donne des détails sur le plan de l'ouvrage dont il vient de présenter le commencement et qui se composera de sept volumes.

M. L. Delisle, au nom de M. d'Arbois de Jubainville, associé correspondant à Troyes, offre à la Société deux ouvrages intitulés; le premier : « *Inventaire sommaire des archives départementales antérieures à 1790 ; Département de l'Aube.* » Le second : *Recherches philologiques sur l'anneau sigillaire de Pouan.* »

En exécution du réglement, la Société procède ensuite au renouvellement du bureau pour l'année 1870, lequel est composé comme il suit:

Président,	MM. H. COCHERIS.
1er Vice-Président,	LE BLANT.
2me Vice-Président,	BOUTARIC.
Secrétaire,	MABILLE.
Secrétaire adjoint,	WESCHER.
Trésorier,	PASSY.
Bibliothécaire-archiviste,	POL NICARD.

La commission des impressions se compose de MM. Michelant, de Barthélemy et Huillard - Bréholles, ce dernier réélu.

La commission des fonds se compose de MM. Chabouillet, de La Villegille et de Guilhermy, ce dernier en remplacement de M. Passy.

Séance du 8 Décembre.

Présidence de M. DE GUILHERMY, Président.

Correspondance.

M. Loiseleur, bibliothécaire à Orléans, pose sa candidature au titre d'associé correspondant national ; ses présentateurs sont MM. de Barthélemy et Aubert. La commission chargée de faire un rapport sur cette demande est composée de MM. Bordier, de Montaiglon, et Robert.

M. Morin, associé correspondant à Rennes fait hommage d'un travail intitulé : *Notes sur deux passages des annales de Saint Bertin expliqués à l'aide des chroniques de l'Irlande.*

Travaux

M. Chazaud, associé correspondant à Moulins, lit un mémoire intitulé : *Inventaires et comptes de la succession d'Eudes, comte de Nevers, mort à la croisade à Acre en 1266.* La Société décide qu'elle en entendra une seconde lecture.

• M. Marion fait la première lecture de sa notice nécrologique sur M. Grésy.

M. Nicard commence la première lecture de la notice nécrologique consacrée à M. Vallet de Viriville.

M. de Barthélemy communique à la Société un objet provenant du Palais d'hiver de l'empereur de la Chine : c'est une boîte en argent décorée de cabochons et d'ornements en or, contenant une statuette en ivoire et très-finement ciselée de Bouddha. Cet objet, qui appartient à M. G. Jeanson, sous-chef au ministère de la guerre, est doublement remarquable par sa perfection et aussi par sa rareté, car il ne semble pas que l'on en ait encore vu de semblables dans les collections. On ne peut malheureusement en apprécier la date même approximative.

M. l'abbé Cochet annonce que l'on a découvert dans

les travaux du chemin de fer de Paris à Dieppe quatre vases
gaulois, dont l'un est orné d'une grecque ; et au cimetière
de saint Gervais à Rouen, un couvercle de cercueil formé
d'une colonne cannelée.

Séance du 15 Décembre.

Présidence de M. DE GUILHERMY, Président.

Correspondance.

M. Le Men, archiviste du Finistère, écrit pour solliciter
le titre d'associé correspondant national ; ses présentateurs
sont MM. de Barthélemy et Aubert. MM. Marion, Quicherat
et Creuly sont désignés pour faire le rapport sur cette
candidature.

M. Demarsy fait connaître que le congrès d'archéologie
pré-historique s'ouvrira à Bologne le 1er octobre 1870, et
il invite la Société à lui transmettre, pour être insérées au
programme, les questions qu'il serait opportun de soumettre
au comité italien.

M. Marion fait hommage *du Cartulaire de l'église de
Grenoble* qu'il vient d'éditer.

M. Mabille offre son ouvrage intitulé: *Les Invasions nor-
mandes dans la Loire et les pérégrinations du corps de saint
Martin.*

Travaux.

M. Mossmann, associé correspondant à Colmar, complète,
par la communication suivante les détails qu'il avait précédemment donnés sur le passage des Bohémiens à Colmar en
1442 (voy. *Bulletin de 1868*, p. 48).

« J'ai trouvé le passeport délivré à ces vagabonds lors du
passage de 1442, et ce nouveau document est d'autant plus
intéressant qu'il donne la raison de l'exil dont la bande était
frappée, et le nom du chef à qui elle obéissait. Est-ce

le même duc André dont M. Paul Bataillard fait mention comme ayant été vu à Bologne en 1422 (p. 37 du tirage à part de ses premières recherches) ? Je l'ignore et, quoi qu'il en soit, voici le texte allemand du passe-port avec sa traduction française :

Wir der Burgermeister und der Ræt des heiligen Richs statt zu Colmer, Baseler Bystums, kundent allermenglich mit disem briefe, das der grosze namhafftige herre hertzog Andres von der cleinen Egipten, als er sich nante und ouch ettliche briefe so er vns œigete sollichs wisent, vnd darby das er vmb des heiligen Cristen glouben willen mit siner geselleschafft vnd volcke von sinen landen von den vnglœibigen vertriben sige, by vns mit siner geselleschafft vnd volcke in die egenante statt Colmer komen, gnade vnd das almüsen bittende, gewesen, vnd ouch frintlich vnd gütlich als verre wir wüssent gescheiden sint : Vrkunde disz brieffs habünt wir jme denselben brieff mit vnser stette secret ingesigel zü ende diser geschrifft getrucket, gegeben vff dunrstag in der heiligen pfingestwochen, anno domini Mº CCCC xlij.

« Nous le bourgmestre et le conseil de la ville impériale de Colmar, au diocèse de Bâle, faisons savoir à tous par les présentes, que le grand et renommé seigneur le duc André de la petite Egypte, ainsi qu'il s'est nommé et comme l'attestent différentes pièces qu'il a mises sous nos yeux, portant en outre qu'il a été chassé de son pays par les infidèles, avec sa compagnie et son peuple, en raison de la foi chrétienne [dont ils font profession], est venu avec sa dite compagnie et son dit peuple dans notre ville pour implorer miséricorde et demander l'aumône, et que lui [et ses gens] ont pris congé de nous amicalement et bénévolement, en tant que nous pouvons le savoir. En foi de quoi nous lui avons délivré le témoignage de cette lettre portant appliquée au bas l'empreinte de notre sceau secret, le jeudi de la semaine de Pentecôte mil quatre cent quarante deux (24 mai 1442).

(Archives de Colmar, *Lib. missiv.* 1442-49. fol. 15, recto).

LISTE

DES OUVRAGES OFFERTS A LA SOCIÉTÉ DEPUIS LE 1er JANVIER
1869 JUSQU'AU 1er DÉCEMBRE SUIVANT.

Ouvrages divers.

ANDRÉ. *Notice sur une cassette d'ivoire de la cathédrale de Bayeux.* Rennes, Catel, 1869, in-8.

AYMARD. *Découverte d'antiquités effectuée à la cathédrale du Puy en 1865 et 1866.* Le Puy, Marchessou, 1868, in-8.

AUBERTIN (Charles). *Les découvertes archéologiques dans l'arrondissement de Beaune en 1868.* In-8.

BALLERCAU (Léon). *Crosse abbatiale de Luçon.* In-8.

BAUDRY (Ferd.) (L'abbé). *Rapport sur les IXe et X^e puits funéraires de Troussepoil, commune du Bernard et sur deux autres petites fosses sépulchrales.* In-8.

BEAUCHET-FILLEAU (H.). *Simples notes sur quelques pélerinages, pieuses pratiques, usages, etc., dans le diocèse de Poitiers.* In-8.

BECQ DE FOUQUIÈRES (L.). *Les jeux des anciens....* Paris, Reinwald, 1869. in-8.

BOUCHER DE MOLANDON. *Charte d'Agius, évêque d'Orléans au IXe siècle, l'ancienne chapelle Saint-Aignan, église Notre-Dame-du-Chemin.* Orléans, Jacob, 1868, in-8.

BOURASSÉ (J.-J.) (L'abbé) et CHEVALIER (L'abbé). *Recherches historiques et archéologiques sur les Églises Romanes en*

Touraine, du VI° au XI° siècle. Tours, Ladevèze, 1869, in-4.

Brant (Alexander). *Beitraege zur Entwicklungsgeschichte der Libelluliden und Hemipteren.* St-Petersbourg, 1869, in-4.

Brandt (Johannes-Fridericus). *Symbolæ Sirenologicae. Fasciculus II et III. Sireniorum, Pachydermatum, Zeuglodontum et Cetaceorum ordinis, osteologia comparata.* St-Petersbourg, in-4.

Breton (Ernest). *Monographie de la cathédrale de Salisbury.* Arras, Rousseau-Leroy, 1869, in-8.

Cagny (L'abbé Paul De). *Histoire de l'arrondissement de Péronne. Premier volume.* Péronne, Quentin, 1869, in-8.

Chabouillet (Anatole). *Discours prononcé le 3 avril 1869 à la réunion annuelle des délégués des Sociétés savantes à la Sorbonne.* Paris, Imp. impériale, 1869, in-8.

Champollion-Figeac. *Nécrologie.* Fontainebleau, Bourges, 1867, in-8.

Chénier (André). *Poésies, édition critique, étude sur la vie, par Becq de Fouquières.* Paris, Charpentier, in-8.

Chevalier (Le docteur Ulysse). *Les états du Dauphiné et particulièrement ceux tenus dans la ville de Romans en 1788.* Grenoble, Prudhomme, 1869, in-8.

Chroniques des églises d'Anjou recueillies et publiées pour la Société de l'histoire de France, par MM. P. Marchegay *et* E. Mabille. Paris, 1869, in-8.

Corblet (L'abbé). *Hagiographie du diocèse d'Amiens.* Tome premier. Paris, Dumoulin, 1869, in-8.

Delisle (Léopold). *Le cabinet des manuscrits de la bibliothèque impériale,* Paris, Imp. impériale, 1868, in-4.

Demarsy (Arthur). *Quelques documents relatifs à la numismatique du Ponthieu communiqués à la Société d'émulation d'Abbeville.* In-8.

— *Projet de bibliographie campiégnoise. Communication faite*

à la Sociéte *historique de Compiègne, dans la séance du
24 novembre* 1868. 1869, in-8.

Despine (Alph.). *Intra et extra muros.* Annecy, Burdet, 1869,
in-24.

Devals Ainé (J.). *Notice sur l'hôtel de ville de Montauban.*
Montauban, Forestié, 1869, in-8.

— *Des corporations professionnelles à Montauban.* In-8.

— *Albias et son territoire, canton de Négreplisse, Tarn-et-
Garonne.* In-8.

Du Fresne de Beaucourt (G.). *Le Meurtre de Montereau.*
Paris, Palmé, 1868, in-8.

Duhamel (L.). *Documents rares ou inédits de l'histoire des
Vosges rassemblés et publiés au nom du comité d'histoire
vosgienne.* Epinal, Bley, 1868, in-8.

Durand de Distroff (Anatole). *Notice historique sur Mardigny.* Metz, Rousseau, 1868, in-8.

Duval (Louis). *Rapport sur le concours ouvert en 1867 par la
Société de statistique, sciences et arts des Deux-Sèvres.*
Niort, Clouyot, 1869, in-8.

Egger (Emile). *Mémoire sur quelques nouveaux fragments de
l'orateur Hyperide.* Paris, Imp. impériale, 1869, in-4.

Estorff (Karl. Freiherr von). *Brief an herrn Professor E.
Desor.* Zurich, Zuercher, 1862, in-8.

Faudel (Le docteur). *Note sur la découverte d'ossements fos-
siles humains dans le Lehm de la vallée du Rhin,* à Eguis-
heim, près Colmar (Haut-Rhin). Colmar, Decker, 1867,
in-8.

Fleury (Ed.). *Les chapiteaux mérovingiens de l'église de Chivy
Dessins de M. Midoux.* Laon, Coquet, in-8.

Flouest (Edouard). *Notice archéologique sur le camp de Chassey.* Chalon-sur-Saône, 1869, in-4.

Foulon-Menard (Le docteur Joseph.) *Les Moulins primitifs.*
Nantes, Forest, 1869, in-8.

Grandgagnage (J.). *Coutumes de Namur et coutume de Philippeville.* Tome premier, Bruxelles, 1869, in-4.

Gruber (Wenzel). *Beitraege zur Anatomie des Schaedelgrundes.* 1. Abtheilung. St-Petersbourg, 1869, in-4.

— *Ueber die Halsrippen des Menschen.* St-Petersbourg, 1869, in-4.

Gylden (H.). *Untersuchungen ueber die Constitution der Atmosphaere und die Strahlenbrechung in derselben.* St-Petersbourg, 1868, in-4.

Hammann (Hermann). *Portefeuille artistique et archéologique de la Suisse.* Première série. Genève et Bâle, Georg, 1868, in-4.

— *Études sur la maison particulière dans le XVI⁰ siècle.* In-4.

— *Briques suisses ornées de bas-reliefs du XIII⁰ siècle.* In-4.

Havet (Ernest). *Notice sur A.-J.-H. Vincent.* Paris, Lainé, 1869, in-8.

Holmboe (C.-A). *Flaghougen paa Karmoen og de Buddhistiske Toper i Asien.* In-8.

— *Om det aeldre Russiske Vaegtsystem.* In-8.

Hucher (Eugène). *Sceaux de la Cour du Mans et du Bourg-Nouvel.* Caen, Leblanc-Hardel, 1868, in-8.

— *Catalogue du musée archéologique du Mans.* Le Mans, Monnoyer, 1869, in-8.

Joinville (Jean, sire de). *Histoire de saint Louis, publiée par M. Natalis de Wailly.* Paris, Renouard, 1868, in-8.

Jousset (Le Docteur). *Pélerinage archéologique à la tour du Sablon et à la pierre procureuse, Perche.* In-8.

— *Le Vieux-Bellême. Querelle et bataille pour peu.* In-4.

— *Le Vieux-Bellême. Sa géographie.* In-8.

— *Archéologie percheronne.* In-8.

Jumel (l'abbé Ed.), de Corbie. *Bourdon et ses anciens seigneurs vicomtes de Doman.* Amiens, Lambert-Caron, 1868, in-8.

Kokscharow. *Ueber Linarit Krystalle.* St-Petersbourg, 1869, in-4.

Krefting (O.). *Indberetning om antitquarische Undersœgelser 1866-1867 i Selje Kirke og Klosteruiner.* Kristiania, Werner, 1868, in-4.

Lagadeuc (Jehan). *Le Catholicon, dictionnaire breton, français et latin, publié par R.-F. Le Men.* Lorient, Corfmat, in-8.

La Nicollière (Stéphane De). *Le prieuré de Couëts en* 1554. Nantes, Forest, 1868, in-8.

— *Notice historique et archéologique sur l'église paroissiale de Saint-Saturnin.* In-8.

— *Une pierre tombale de l'abbaye de Villeneuve Olivier de Machecoul.* Nantes, Guérand, 1860, in-8.

— *Description du chapeau ducal, de l'épée de parement, de la nef de table et d'un grand nombre de Bijoux du trésor des ducs de Bretagne,* d'après des titres originaux et inédits, in-8.

— *Église royale et collégiale de Notre-Dame de Nantes.* Nantes, Forest, 1865, in-8.

— *Armorial des évêques de Nantes.* Nantes, Charpentier, 1868, in-8.

Lasteyrie (F. De). *Essai de restitution d'un des boucliers daces représentés sur les bas reliefs de la colonne Trajane.* In-8.

Le Blant (Edmond). *D'une publication nouvelle sur le vase de sang des catacombes romaines.* Paris, Didier, 1869, in-8.

Lecointre-Dupont. *Pierre des Roches, trésorier de Saint-Hilaire de Poitiers, évêque de Winchester.* Poitiers, Dupré, 1868, in-8.

Le Duc (Dom Placide). *Histoire de l'abbaye de Sainte-Croix de Quimperlé, publiée pour la première fois sur le manuscrit de l'auteur*, par R.-F. Le Men. Quimperlé, Clairet, 1863, in-8.

Legrand (H.). *Paris en* 1380. Paris, Imp. impériale, 1868, in-4.

— *Topographie du vieux Paris, par feu Berty, continuée.* Paris, Imp. impériale, 1869, in-4.

Le Men (R.-F.) *Fouilles d'un tumulus dans la forêt de Carnoël, commune de Quimperlé, Finistère.* In-8.

— Voy. *Histoire de l'abbaye Sainte-Croix de Quimperlé, par dom Placide Le Duc.*

Linas (Charles De.) *Les casques de Falaise et d'Amfreville-sous-les-Monts.* Arras, Roussan, 1869, in-8.

Lomas (Louis De). *Éloge de Durand de Distroff.* Metz, Nouvian, 1869, in-8.

Longuemar (De). *Études diverses sur les voies romaines.* Poitiers, Dupré, 1869, in-8.

Mkhtihard d'Airivank. *XIII*e *s., traduite de l'arménien sur le manuscrit du musée Asiatique, par M. Brosset.* St-Petersbourg, 1869, in-4.

Marchegay et Mabille. Voy. *Chroniques des églises d'Anjou.*

Montaiglon (Anatole De). *Rapport sur les travaux de l'année 1867-1868, présenté à l'Académie des bibliophiles dans sa séance générale du* 12 *mai* 1868. Paris, Acad. des bibliophiles, 1868, in-8.

Mornay (Madame De). *Mémoires, édition publiée par madame de Witt.* Paris, Renouard, 1868, in-8.

Mossmann (H.). *Contestation de Colmar avec la Cour de France* (1641-1644).

— *Conférence faite à Colmar le* 17 *mars* 1869. Colmar, Barth, 1869, in-8.

Prost (Aug.). *Notice sur Eugène Gandar.* Metz, 1868, in-8.

— *Claudius Cantiuncula, jurisconsulte messin du XVIe s.* Metz, Blanc, 1869, in-8.

REY (E.-G.). *Les familles d'outre-mer, de Du Cange.* Paris, Imp. impériale, 1869, in-4.

ROBERT (Charles). *Etat actuel de la numismatique de Toul.* Première partie. In-8.

— *Inscriptions de Troesmis expliquées par Léon Renier.* In-8.

— *Epigraphie de la Moselle.* Paris, Lévy, 1869, in-4.

— *Médaillons contorniates inédits.* In-8.

ROCHAMBEAU (Achille DE). *La famille de Ronsart, recherches généalogiques, historiques et littéraires sur P. de Ronsart et sa famille.* Paris, Franck, 1868, in-32.

ROHAUD DE FLEURY (Georges). *Les monuments de Pise au moyen-âge.* Paris, Morel, 1866, avec un atlas in-folio.

SCHMIDT (Fr.). *Reisen im Amur-Lande und auf der Insel Sachalin. Botanischer Theil.* St-Petersbourg, 1869.

SCHUERMANS (H.). *Inscriptions belges à l'étranger.* Liége, 1869, in-8.

SPERK (Gustav). *Die Lehre von der Gymnosperme im Pflanzenreiche.* St-Petersbourg, 1869, in-4.

STEINSCHNEIDER (Moritz). *Alfarabi (Alpharabius), des arabischen philosophen Leben und Schriften.* St-Petersbourg, 1869, in-4.

STRASBURGER (Ed.) *Die Befruchtung bei den Farrnkraütern.* St-Petersbourg, 1868, in-4.

STRUVE (Otto). *Beobachtungen der grossen Kometen von 1861.* St-Petersbourg, 1868, in-4.

SUCHAUX (L.). *Ruines de Saint-Sulpice, canton de Villersexel.* Vesoul, Suchaux, 1869, in-8.

VAN HENDE. *Une décoration des philolettres.* Lille, 1859, in-8.

WITTE (J. DE). *Recherches sur les empereurs qui ont régné dans les Gaules au IIIe siècle de l'ère chrétienne.* Paris, Rollin, 1868, in-4.

Revues et Journaux.

Association pour l'enseignement des études grecques en France, 1er *et* 2e *Supplément à l'annuaire de* 1868. Paris, Durand, 1868, in-8.

Annuaire de l'association pour l'enseignement des études grecques. 3e année 1869. Paris, Durand, 1869, in-8.

L'Institut. 33e année, nos 393-394. Septembre-octobre 1868. Paris, in-4.

Mémoires lus à la Sorbonne dans les séances extraordinaires du Comité impérial des Travaux historiques et des Sociétés savantes tenues les 14, 15, 16 et 17 *avril* 1868. *Archéologie.* Paris, Imp. impériale, 1869, in-8.

Bulletin du bouquiniste. 13e année. 1867, in-8.

Journal des Savants. Année 1869. In-4.

L'Investigateur, Journal de l'institut historique de France. 36e année. T. IX, 4e série, in-8.

Recueil des Notices et Mémoires de la Société archéologique de la province de Constantine. 2e volume de la deuxième série, 1868, 12e volume de la collection. Constantine, 1868, in-8.

Revue africaine. 13e année. Alger, Bastide, 1869, in-8.

Revue de l'Art chrétien. 13e année, 1869. Arras, in-8.

Revue des Sociétés savantes des départements. 4e série. T. IX. Paris, Imp. impériale, 1859, in-8.

Revue Savoisienne. Année 1869. Annecy, in-4.

MÉMOIRES DES SOCIÉTÉS SAVANTES.

Sociétés françaises.

AISNE. — ***Bulletin de la Société académique de Laon.*** T. XVII. Paris, Didron, 1868, in-8.

Aube. — *Organisation de la Société académique d'agricu*
des sciences, arts et belles-lettres du département de l'.
6ᵉ édition. Troyes, 1869, in-8.

— *Mémoires de la Société académique d'agriculture,*
sciences, arts et belles-lettres du département de l'.
T. xxxii de la collect. 3ᵉ série. T. V. Année 1868. Tr
in-8.

Calvados. — *Bulletin de la Société des antiquaires de l*
mandie. T. v. Paris, Derache, 1869, in-8.

— *Mémoires de l'Académie impériale des sciences, ar*
belles-lettres de Caen. Caen, 1869, in-8.

Cher. — *Mémoires de la Société des antiquaires du Cei*
1867. T. 1ᵉʳ et 2ᵉ. 1868-69, in-8.

— *Mémoires de la Société historique, littéraire, artistiqu*
scientifique du Cher. 2ᵉ série, T. 1ᵉʳ. Bourges, 1868, i:

Doubs. — *Mémoires de la Société d'émulation du Doubs.* 3ᵉ
rie. 1856-1864, 10 volumes. 4ᵉ série, 1865-1869, 4 volun
Besançon, Dodivers, 1856-1869, in-8.

Drome. — *Bulletin de la Société départementale d'archéol*
et de statistique de la Drôme. 1ʳᵉ année, 1866, 2ᵉ livrais:
Valence, in-8.

— *Bulletin des travaux de la Société départementale d'ag*
culture de la Drome. Valence, 1869.

Gard. — *Mémoires de l'Académie du Gard.* Nimes, 1869
vol. in-8.

Garonne (Haute). — *Revue archéologique du midi de*
France. T. 2ᵉ, nᵒˢ 6 et 7. In-4.

— *Mémoires de la Société impériale archéologique du midi*
la France, établie à Toulouse. T. ix, 4ᵉ et 5ᵉ livraisons. Par:
1869, in-4.

Hérault. — *Bulletin de la Société archéologique, scientifiqu*
et littéraire de Béziers, Hérault. 2ᵉ série. T. v, 1ʳᵉ livra:
son. Beziers, 1869.

Loir-et-Cher. — *Bulletin de la Société archéologique, scien tifique et littéraire du Vendomois.* 7ᵉ année, 1868. Vendôme, in-8.

Loire. — *Annales de la Société impériale d'agriculture, industrie, sciences, arts et belles-lettres du département de la Loire.* — T. xii, année 1868. 1ʳᵉ livraison, janvier, février, mars. Saint-Etienne, 1868.

Loiret. — *Mémoires de la Société archéologique de l'Orléanais.* T. xiiᵉ, avec atlas. Orléans, 1868, in-8.

Maine-et-Loire. — *Répertoire historique et archéologique de l'Anjou, publié par la commission archéologique de la Société impériale d'agriculture, sciences et arts d'Angers.* Année 1869. Angers, 1869, in-8.

— *Mémoires de la Société académique de Maine-et-Loire.* T. xxiv. Sciences. Angers, 1868, in-8.

Manche. — *Notices, Mémoires et Documents publiés par la Société d'agriculture, d'archéologie et d'histoire naturelle du département de la Manche.* — Saint-Lô, 1864, in-8.

Marne. — *Travaux de l'Académie impériale de Réims.* T. 44ᵉ. volume. Reims, 1869, in-8.

— *Mémoires de la Société d'agriculture, commerce, sciences et arts du département de la Marne.* Années 1867 et 1868. Chalons-sur-Marne, in-8.

Marne (Haute). — *Mémoires de la Société historique et archéologique de Langres.* T. ii. Langres, 1869, in-4.

Moselle. — *Bulletin de la Société d'archéologie et d'histoire de la Moselle.* — 11ᵉ année. Metz, Rousseau, 1868, in-8.

— *Mémoires de l'Académie impériale de Metz.* 49ᵉ année. 1867-1868. 2ᵉ série, 16ᵉ année. Metz, Rousseau, 1868, in-8.

Nord. — *Mémoires de la Société impériale des sciences, de l'agriculture et des arts de Lille.* Année 1868, 3ᵉ série, T. 6ᵉ. Paris, Didron, 1869, in-8.

— *Société impériale des sciences, de l'agriculture et des arts*

*de Lille. Séance publique du 27 décembre 1868, présidée par
M. Fleury.* Lille, Danel, 1868, in-8.

— *Mémoires de la Société dunkerquoise.* 1867-1868. T. 13e.
Dunkerque, 1868, in-8.

Oise. — *Mémoires de la Société académique d'archéologie,
sciences et arts du département de l'Oise.* T. vii, 1re partie.
Beauvais, 1868, in-8.

Pas-de-Calais. — *Société des antiquaires de la Morinie.*
Bulletin historique, 18e année. Saint-Omer, 1869, in-8.

Rhin (Bas). — *Bulletin de la Société pour la conservation
des monuments historiques d'Alsace.* 2e série. T. vi. Paris,
1869, in-8.

— *Bulletin de la Société d'histoire naturelle de Colmar.* 8e et
9e années. 1867 et 1868. 1868, in-8.

Saone-et-Loire. — *Matériaux d'archéologie et d'histoire,* par
MM. les archéologues de Saône-et-Loire et des départe-
ments limitrophes. Notices et dessins corrigés par J. G. et
L. L. no 1. Janvier 1869. Chalon-sur-Saône, in-8.

Sèvres (Deux). — *Mémoires de la Société de statistique,
sciences et arts du département des Deux-Sèvres.* 2e série.
T. viii, 1868. Niort, in-8.

Seine. — *Mémoires présentés par divers savants à l'Académie
des inscriptions et belles-lettres.* 2e série. T. iv, v, vi. In-4.

— *Mémoires de l'Institut impérial de France.* Académie des
inscriptions et belles-lettres. Tomes xxe, 1re partie, xxiiie,
1re partie, xxive, xxve, 2e partie, xxvie, 1re partie.

— *Notices et extraits des manuscrits de la bibliothèque impériale et autres bibliothèques, publiés par l'Institut impérial
de France.* T. xve, xviiie, 2e partie. xixe, 1re partie. xxe,
xxie. In-4.

Seine-Inférieure. — *Bulletin de la commission des antiquités
de la Seine-Inférieure.* Année 1867. T. Ier. 1re livraison.
Rouen, Boissel, 1868, in-8.

— *Précis analytique des travaux de l'Académie impériale des sciences, belles-lettres et arts de Rouen*, pendant l'année 1867-68. Rouen, 1868, in-8.

Tarn-et-Garonne. — *Recueil de la Société des sciences, belles-lettres et arts de Tarn-et-Garonne.* Montauban, Forestié, 1868, in-8.

Vosges. — *Annales de la Société d'émulation du département des Vosges.* T. xiiie 1er cahier. Paris, Gorin, 1868, in-8.

Vienne. — *Bulletins de la Société des antiquaires de l'Ouest.* Année 1869. Poitiers, 1869, in-8.

— *Mémoires de la Société des antiquaires de l'Ouest.* T. xxxii. Année 1867. Poitiers, 1868, in-8.

Vienne (Haute). — *Assises scientifiques de Limoges.* Limoges, Chapouland, 1867, in-8.

Yonne. — *Bulletin de la Société des sciences historiques et naturelles de l'Yonne.* Année 1868, T. 22e. de la 2e série. Auxerre, 1868.

Sociétés étrangères.

ANGLETERRE.

— *Archeologia.* T. xli. 2e partie. Londres, in-4.

— *Proceedings of the society of antiquaries of Scotland.* Vol. vi. Part. 2. Edinburg, 1867, in-4.

AUTRICHE.

— *Archiv für oesterreichische Geschichte.* T. 39e. 2e partie. Vienne, 1868, in-8.

— *Sitzungsberichte der kaiserlichen Akademie der Wisenschaften.* T. 57e. 2e et 3e livrais. 58e vol. 3 liv. Vienne, in-8.

BAVIÈRE.

— *Verhandlungen des historischen Vereines von Oberpfalz und Regensburg.* T. 26e. 1869, in-8.

BELGIQUE.

— *Coutumes des pays, duché de Luxembourg et comté de Chiny.* Bruxelles, Gobbaerts, 1869, 2 vol. in-4.

— *Coutumes de Namur et coutumes de Philippeville.* T. 1er. Bruxelles, 1869, in-4.

— *Revue de la numismatique belge.* 5e série. T. i. Bruxelles, Gobbaerts, 1868, in-8.

— *Bulletin des commissions royales d'art et d'archéologie.* 6e et 7e années. 1867-1868. Bruxelles, in-8.

— *Commission royale pour la publication des anciennes lois et ordonnances de la Belgique. Procès-verbaux des séances.* 5e volume, 5e cahier. Bruxelles, Gobbaerts, 1868, in-8.

— *Annuaire de la Société liégeoise de littérature wallone.* 1869, 5e année. Liége, 1869.

DANEMARCK.

— *Aarboger for Nordisk Oldkyndighed og Historie, udgivne af det kongelige Nordiske Oldskrift-Selskab.* 1868, 2, 3 et 4 fascicules. Copenhague, in-8.

— *Foreningen til Norske Fortidsmindesmerkers Bevaring.* Année 1867. Kristiana, 1868. in-8.

— *Mémoires de la Société royale des antiquaires du Nord.* Nouvelle série. Copenhague, 1867, in-8.

— *Tillaeg til Aarboger for Nordisk Oldkyndighed og Historie.* Année 1868. Copenhague, 1869, in-8.

ÉTATS-UNIS.

— *Annual Report of the board of regents of the Smithsonian institution.* Washington, 1868, in-8.

— *Proceedings of the american Academy of arts and sciences.* Vol. vii. Boston, 1868, in-8.

— *Proceedings of the american philosophical society held at*

Philadelphia, for promoting useful Knowledge. Vol. x, 1868.
In-8.

— *The Canadian Journal of science, literature and history.*
Toronto, 1869, in-8.

HOLLANDE.

— *Publications de la section historique de l'Institut ci-devant
Société archéologique, du grand duché de Luxembourg.*
Vol. xxiii. Luxembourg. 1868, in-4.

RUSSIE.

— *Compte-rendu de la commission impériale archéologique
pour l'année* 1867. St-Petersbourg, 1868, in-4.

— *Comptes-rendus de la commission impériale archéologique
pour les années* 1865 *et* 1866. St-Petersbourg, 1867, in-4,
avec atlas in-folio.

— *Mémoires de l'Académie impériale des sciences de Saint-
Petersbourg.* 7e série. T. xiii. In-4.

SAXE.

— *Verein für Erdkunde zu Dresden.* 1, 2, 3, 4, Jahresberichte.
Dresden, 1865-1868, in-8.

— *Pantenographikon, Zeitschrift für Kunde der stenographis-
chen systeme aller nationen.* 1. Band. 1 Lieferung. Leip-
sig, Wartiq, 1869, in-8.

SUISSE.

— *Beitraege zur Geschichte Basel's, herausgegeben von der
historischen Gesellschaft zu Basel.* Bassel, Seul, 1839, in-8.

WURTEMBERG.

— *Verhandlungen des Vereins für Kunst und Alterthum in
Ulm und Oberschwaben.* Neue Reihe. 1er cahier. Ulm, 1869,
in-4.

TABLE DES MATIÈRES

CONTENUES

DANS LE BULLETIN DE L'ANNÉE 1869.

ERRATA.

Bulletin de 1868.

P. 112, lig. 29 et 30, *au lieu de* ANTILIÆ, *lisez* ATILIÆ.
P. 113, — 1,   —   · Lucii Silio — Lucii filio.
P. 115, — 27,   —   prouve, — prouvent.
P. 116, — 10,   —   Berbagal, — Barbegal.
  —   —   —   occupait, — occupa.
  —   —   —   Urbin, — Urbain.

Bulletin de 1869.

P. 84, lig. 9 et 17, *au lieu de* Lépinoy, *lisez* L'Epinois.

Nogent-le-Rotrou, imprimerie de A. Gouverneur.